日本人として知っておきたい
日本語150の秘密
沢辺有司
彩図社
JN131961

はじめに

よくよく考えてみると、日本語は複雑で不思議な言語である。

日本語には、ひらがなとカタカナがあり、一生かけても覚えきれないほどの漢字がある。これらを交ぜあわせて使うのが日本語だ。「なんと面倒な言語なのか」と、だれしも一度は思ったことがあるのではないか。アルファベット26文字程度ですべてを表現できてしまう英語などと比べると、その複雑さは際立つ。

なぜこんなに複雑になったかというと、もともとの日本語に書き言葉がなかったことが関係している。

はじめは、中国から輸入した漢字を古い日本語（大和言葉）の音にあてて書き言葉とした。これが「万葉仮名」である。万葉仮名で書かれた『万葉集』は、見た目はただの漢文である。やがて漢字からカタカナとひらがなが生まれた。ここから日本語は、ひらがな・カタカナ・漢字を交ぜあわせて書くようになったのである。

ただ、この「漢字仮名交じり文」というスタイルが定着したのはつい最近のことである。戦前までは、日本の公文書は、いわゆるグローバルスタンダードである漢文を採用していた。「大日本帝国憲法」は漢文で書かれていた。一方で、明治維新以来、知識人たちのあいだからは漢字廃止運動が起きた。こんなたくさんの漢字をいちいち覚えていたら、西欧の文化水準に追いつかない、というわけだ。ほかにも、書き言葉をローマ字にしようとか、言語をフランス語にしようなどと言い出す知識人もいた。

なにが言いたいのかというと、いまの「日本語」は、ずっと昔からあったわけではなく、多くの議論や研究、あるいは外来の言語との接触をへて、ほとんど偶然にできているということである。

日本語は、漢字仮名交じり文で、段落があって、句読点をつけて、「が行・ざ行・だ行・ば行」には濁点をつけて、「です・ます」調にするか「だ・である」調にするか、縦書きか横書きかを選んで書く。日本語であたり前にやっているこうした作業を一つひとつ疑っていくと、意外な事実やたくさんの面白いエピソードに出くわす。

日本語の「なぜ」はつきない。なぜ「五十音図」が生まれたのか、なぜこれほど多彩な方言があるのか、なぜ当用漢字や常用漢字があるのか、なぜ俳句は五・七・五なのか……。

そこで本書では、日本語の「なぜ」を追究し、「日本語の秘密」として150項目にわたって徹底解明する。古来の大和言葉からはじまる日本語の成り立ちや「国語」として広められた戦前・戦後の日本語の変遷、身近な日本語の由来や疑問、さらには、ふだん役立つ日本語の正しい使い方もご紹介する。

本書を通して、日本語の魅力や面白さを感じていただき、なにげなく使っている日本語を改めて見直すきっかけとしていただければ幸いである。

はじめに

第一章 人に話したくなる日本語の秘密

1 「ニッポン」と「ニホン」どっちが正しい?
2 日本語は世界で9番目に使われている?
3 関所で分断され、県ごとの方言が多彩になった
4 「僕」「君」の呼び方は「奇兵隊」からはじまった
5 「肩が凝った」は夏目漱石が広めた言葉
6 明治時代は「病気＝びょーき」と教えていた
7 日本の男性も「なでしこ」だった
8 明治時代、漢字が存亡の機を迎えていた!
9 ふりがなは書き手の自由な表現手段!
10 日本語が多くの人称代名詞を持つのはなぜ?
11 知られざる鼻濁音「ガギグゲゴ」
12 若者言葉「知らねえ」のルーツは江戸?
13 「いろは歌」に隠された秘密の暗号
14 「五十音図」なのに45文字しかないワケ
15 「五十音図」の辞書は、不便だった?
16 「也」「之」は漢字ではなかった?
17 外国の真似事からできた「段落分け」
18 「～ちゃん」という呼び方は大和言葉の名残り?
19 平安時代の日本語が琉球方言に残っている?
20 東北と九州の方言は同じだった!?
21 敬称「～さま」は方向を示す言葉だった
22 関西弁で自分のことを「うち」と言う理由
23 俳句が「五・七・五」になった理由
24 「誤用」が定着してしまった日本語

第二章 知って納得！　日本語の由来

25 「うちのカミさん」は神様のことだった⁉
26 「孫の手」ではなく美しい娘の手だった？
27 中国由来の囲碁から生まれた「一目置く」
28 「ふつつかもの」は立派な人だった？
29 父は「濡れ衣」で娘を殺してしまった
30 なぜ「汗をかく」と言うのか？
31 「南」「北」の由来は「ミギ」「ヒダリ」？
32 「サツマ」と「アズマ」は対になる言葉？
33 「男」「女」は、たった一文字で表されていた
34 「女房」とは宮廷の高位の女官たちのことだった
35 清少納言の「をかし」の由来は「愚か」？
36 「侍」は身分の低い「パシリ」だった⁉
37 鎌倉時代まで「関西」はなかった
38 「太鼓判」とは、信玄の自慢の貨幣のこと
39 「火蓋を切る」の表現は火縄銃がきっかけ
40 戦国時代の情報戦から生まれた「すっぱ抜く」
41 なぜトランプを「切る」のか？
42 「ピンキリ」はポルトガル語だった？
43 「旦那」はサンスクリット語由来の言葉
44 地名に由来する日本語は意外と多い？
45 「手前味噌」とは全国味噌自慢のこと！
46 「下駄を履く」「下駄を履かせる」の違いは？
47 戸は「閉める」のではなく「立てる」ものだった
48 江戸時代の人も「まじ」を使っていた？
49 「八百長」「助平」「木阿弥」はすべて実在した
50 江戸の劇場の楽屋から生まれた「茶番」

51 「鯖をよむ」の「さば」は魚のことではない
52 「おいそれと」の「おい」と「それ」とは?
53 「土がつく」のルールは江戸の大相撲から
54 「油を売る」商人は怠けていたわけではない
55 江戸の井原西鶴が広めた「胸算用」
56 「ななしゆび」とはどの指のこと?
57 「けんもほろろ」は雉の鳴き声だった
58 「和服」「郵便」「魚屋」… 意外と新しい言葉
59 「青田買い」から生まれた流行語「青田刈り」
60 「たにんごと」と「ひとごと」どっちが正しい?
61 「やばい」は犯罪者の隠語だった
62 なぜ「株式会社」と言うのか?
63 「芋づる式」の「芋」は薩摩藩のこと
64 シベリア抑留の収容所で起きた「つるしあげ」
65 アッツ島の戦い、「全滅」を「玉砕」と発表する

第三章 意外と知らない日本語の成り立ち

66 「ひらがな」「カタカナ」は漢字から生まれた
67 「仮名」とは「いつわりの文字」のこと?
68 外来語はなぜカタカナで書くのか?
69 『土佐日記』はほとんどひらがなで書かれている
70 「ひらがな」は女性的というのは本当?
71 遣唐使の廃止で、ひらがなが定着した?
72 日本固有の「大和言葉」には書き文字がなかった
73 『古事記』には「ん」がなかった!?
74 日本語に影響を与えた漢訳版サンスクリット語
75 「国字」が生まれたのは則天武后のおかげ?
76 大和言葉のハ行は「パピプペポ」だった?

77 『万葉集』はどんな文字で書かれている？
78 万葉仮名は「ひらがな」ではない
79 『万葉集』が読めない時代があった⁉
80 「いろは歌」はいつごろできたのか？
81 藤原定家が定めた「定家仮名遣い」とは？
82 古代の和語の響きを残す「歴史的仮名遣い」
83 「コソアド」は、古語では「コソカイヅ」だった
84 日本語の横書きを考えたのは、江戸時代の学者
85 本居宣長が「お」と「を」の違いを発見！
86 五十音図の原型は平安時代にできていた
87 共通語は江戸の「山の手ことば」が基盤となった
88 「゛」はいつ生まれたのか？
89 日本語の正式な読点はコンマ「，」だった⁉
90 外国語の輸入で豊かになった数の言葉
91 日本語はルーツのない「孤立語」？

第四章
戦前・戦後で変わった日本語

92 戦前の国語では「カタカナ」を先に学んでいた
93 日清戦争に勝って「国語」ができた
94 「国語」の授業は植民地の方が早くはじまった
95 「日本語」は大東亜共栄圏の共通語だった⁉
96 漢字制限論を唱えていた福澤諭吉
97 ローマ字を公用語にしようとしていた！
98 言文一致が進んだのはつい1世紀ほど前のこと
99 GHQによって「パパ」「ママ」が定着した
100 漢字の廃止を前提に制定された「当用漢字表」
101 「犬」はあるけど「猫」はなくなった
102 47都道府県が常用になったのは2010年

当用漢字で勝手に簡略化された漢字たち 103
戦後生まれには「浩」「淳子」の名前がない? 104
常用漢字はどうやってできたのか? 105
山本有三による「ふりがな禁止令」!? 106
あの文豪は「フランス語を公用語に」と言い出した 107
なぜ小学校の国語でローマ字を習ったのか? 108

第五章 学校で教わらない日本語の疑問

「因縁」を「いんねん」と読むのはなぜ? 109
「地面」は「じめん」「ぢめん」のどっち? 110
「雰囲気」は「ふんいき」or「ふいんき」? 111
「三階」は「さんかい」or「さんがい」? 112
なぜ日本では「ボク」が二人称に使われるのか? 113
なぜ「インク」を「インキ」と言っていたのか? 114
「蛇」「蛙」はなぜ虫偏なのか? 115
「手をこまねく」とはどんな状態? 116
「漏洩」を「ろうえい」と読むのは誤り? 117
「人間」はどうして「にんげん」と読む? 118
なぜ「一昨日」を「おとつい」と言う? 119
日本語の辞書で「ラ行」が少ないのはなぜ? 120
なぜ助詞の「は・へ」は「ワ・エ」と読むのか? 121
「主語」を入れると不自然になる日本語の秘密 122
なぜ日本語は動詞の活用がシンプルなのか? 123
なぜ日本語には形容語が少ないのか? 124
日本語だけ? 「語幹」がない動詞がある 125
「一人」と「一名」、「一匹」と「一頭」の違い 126
なぜ日本語には侮蔑語の種類が少ないのか? 127
過去のことは「~た」と言うしかないのはなぜ? 128

第六章 知っていると役立つ正しい日本語

129 「河」と「江」と「川」、どう使い分ける？
130 「こんにちわ」の誤りに気付かなくなった？
131 「窓際」と「窓辺」では大違い！
132 知っておきたい「元日」と「元旦」の違い
133 なぜ「ら抜きことば」は誤りなのか？
134 「ら抜きことば」から生まれた「れ足すことば」
135 「行う」or「行なう」？ 送り仮名のルール
136 「拝啓」「敬具」「かしこ」…これらの意味とは？
137 日本語の敬語は、なぜこんなに複雑になった？
138 もともと丁寧語なんてなかった！
139 昭和になって変わった「です」の使い方
140 「ご確認してください」という敬語は間違い？
141 部下は上司に「ご苦労さま」と言ってはいけない
142 「いただく」の使い方は謙譲語だけとは限らない
143 頭に「お」「ご」をつければ上品な日本語に
144 「さん」をつけるだけで丁寧な言葉になる
145 「ご都合のほう」の「～のほう」は必要なのか？
146 「とても」は肯定文では使えなかった！
147 漱石は「全然」の使い方を間違えていた？
148 外国語とは違う日本語の「高低アクセント」
149 日本語の表現を豊かにする擬態語
150 日本語表記で迷ったら「記者ハンドブック」！

奉加帳
一勇斎
湊小版

第一章　人に話したくなる日本語の秘密

001 「ニッポン」と「ニホン」どっちが正しい？

「日本」の読み方は、「ニッポン」なのか「ニホン」なのか？

これは、どちらも間違いではない。

では、日本の国名の変遷を古代から紐解いてみよう。

邪馬台国についての記述がある中国の歴史書『三国志』では、日本のことを「倭国」と呼んでいる。「倭」というのは、中国から見たときの蔑称で、「背がまがった小人」という意味がある。

7世紀ころ、日本人は自らの国を「やまと」と呼ぶようになった。はじめは「倭」と書いて「やまと」と呼んでいたが、これは中国からの蔑称なのでだんだん嫌うようになり、「和」や「大和」と書いて「やまと」と読むようになった。

このころに編纂された『万葉集』では、「倭」「和」「日本」と書いて「やまと」と読ませている。

ちなみに、ここにあらわれた「日本」というのは、701年の『大宝律令』から登場する。

やがて**「日本」の表記から「やまと」の読み方が消えて、「ニッポン」「ジッポン」と音読みされるようになる。**

13世紀、マルコ・ポーロの『東方見聞録』で日本が「ジパング」と呼ばれたが、これは「ジッポン」が由来と考えられる。また、「ジャパン（Japan）」というのも「ジッポン」から来ていると考えられる。

「日本」の読み方は、「ニッポン」のあとに、「ニホン」があらわれ、それから両方が用いられるようになった。「ニッポン」なのか「ニホン」なのか、1934年の臨時国語調査会（国語審議会の前身）でついに決定された。決まったのは、「ニッポン」である。ところが、政府はこれを採択することはなかった。戦後になっても、**国会で何度か読み方を統一しようという動きはあったが、政府はあえてどちらかに決めるということをしなかった。**

1946年公布の「日本国憲法」では「日本国」が国号となったが、肝心の読み方を示していない。だから「ニッポン」でも「ニホン」でも誤りではないし、「ニッポンコクケンポウ」でも「ニホンコクケンポウ」でも誤りではないのだ。

一万円札の裏面には「NIPPON GINKO」と記される。「日本航空」は「ニホン航空」と読ませており、固有名詞でも読み方はさまざまだ。

002 日本語は世界で9番目に使われている？

日本語を母語（幼いときに自然に習い覚えた最初の言語）とする人の数は、**約1億3400万人**である。

日本語を母語とする人の数というのは、純粋に日本人の数である。

では、世界中の言語のなかで、母語話者（ネイティブスピーカー）の人口を比較したら、日本語はどれくらいのランクにいるのだろうか？

1位・中国語（約13億7000万人）、2位・英語（約5億3000万人）、3位・ヒンディー語（約4億9000万人）、4位・スペイン語（約4億2000万人）、5位・アラビア語（約2億3000万人）、6位・ベンガル語（約2億2000万人）、7位・ポルトガル語（約2億1500万人）、8位・ロシア語（約1億8000万人）、9位・日本語（約1億3400万人）、10位・ドイツ語（約1億3000万人）、という結果になっている。

日本は9位と健闘しているが、日本語は英語やスペイン語と違って、日本以外に母語話者がいない。そして、唯一の母語話者である日本人の人口が減少しているということが心配なところだろう。母語話者数が6000人を切ると、「少数民族言語」と呼ばれる。

003 関所で分断され、県ごとの方言が多彩になった

日本語にはどのような方言があるのか？　学術的な方言区画では、大きく「本土方言」と「琉球方言」にわかれる。本土方言には、東部方言、西部方言、九州方言がある。もちろんこれだけではなく、じっさいにはさらに県ごとに方言が細分化されている。これほど多彩な方言ができた背景には、中世以降に大名の領地ができて、江戸時代には**藩の境界にある関所で人々の移動を管理する体制ができたことがある。**人の分断が言葉の分断となり、県（藩）ごとに違う方言が発達するようになったのだ。

一方、琉球方言には、奄美・沖縄方言（奄美大島方言・沖縄方言）、宮古・八重山方言（宮古方言・八重山方言・与那国方言）がある。琉球方言だけでこれほど豊富にある背景には、「島」というコミュニティがある。**島ごとに異なった方向に変化した結果、互いに通じないほど全く違った方言となった**のだ。ちなみに、琉球方言と八丈方言（東京・八丈島など）は、ユネスコの消滅危機言語のリストに入っている。

「三関」の一つである不破関跡。

004 「僕」「君」の呼び方は「奇兵隊」からはじまった

相手のことを「君（キミ）」と呼んで、自分のことを「僕（ボク）」と呼ぶ。この人称代名詞が使われるようになったのは意外と最近のことである。

幕末の志士・高杉晋作（たかすぎしんさく）は、欧米列強の脅威から長州藩をまもるため、独自に**「奇兵隊」**を組織する。奇兵隊の特色は、**身分に関係なく受け入れたこ**とだった。百姓もいれば、商人の子息、浪人、足軽、下級武士などもいた。しかし、これほど身分が入り乱れていると、互いの呼び方（貴様、貴方、貴君、など）や自分の呼び方（俺、我が輩、手前、拙者など）がまちまちで混乱した。

そこで考えたのが、**「僕」と「君」に統一すること**だった。身分に関係なくだれもが「僕」と「君」で呼び合う。ここから「僕」と「君」が一般に広まったのだ。ちなみに、「僕」と「君」は奇兵隊の平等主義の象徴のように見られるが、じっさいの組織内部では武士身分と庶民が依然として区別されていたようである。

「僕」「君」の呼び方をはじめて導入した奇兵隊。

005 「肩が凝った」は夏目漱石が広めた言葉

「社会」「個人」「美」「恋愛」「存在」など、いまではふつうに使われているこれらの言葉は、すべて**江戸末期から明治時代にかけてつくられた造語**である。この時代、西洋の書物が盛んに翻訳されていたが、日本語に適当な訳語がないときには、新しい言葉をつくって対応していたのである。

あるいは、翻訳によって新たな意味がつけられたものもある。たとえば、「自由」という言葉は、「わがまま」というマイナスの意味しかなかったが、英語「Freedom」の訳としてプラスの意味が加えられ、定着した。こうした造語の達人だったのが、**夏目漱石**である。「新陳代謝」「無意識」「価値」「経済」「電力」「浪漫」「兎に角」など、すべては漱石の造語と言われる。

造語ではないが、漱石が広めた有名な言葉に「肩が凝る」がある。明治20～40年代ころ、**「肩が凝る」**の用例があったとされるが、漱石が明治43年の『門』で「頸と肩の継目の少し背中へ寄った局部が石の様に凝っていた」と書いたことから一般に広まったと言われる。「ああ～、肩が凝った」といえるのも、漱石のおかげかも？

006 明治時代は「病気＝びょーき」と教えていた

「びょーき（病気）」「にしのほー（西の方）」「よーす（様子）」「ちょーど（丁度）」「ゾーリ（草履）」「ローカ（廊下）」……。作文でこんな書き方をしたら、先生に怒られるだろう。何をふざけているのかと。

でも、**これらはすべて、じっさいに学校で教えられていたことである。**

１９０４（明治37）年度から使われた『尋常小学読本』には、このようないわゆる**「棒引き仮名遣い」**が書かれていた。

たしかに、「病気」は「ビョーキ」と発音するので、じっさいの発音に近い表記にしたのだろう。しかし、日本の仮名の歴史において、棒引き「ー」は使われてきたことがない。当時はかなり見た目が異様に映ったはずである。カタカナの音引きに使い慣れたいまでも、「びょーき」は異様だ。

そんなわけで、「棒引き仮名遣い」はわずか４年ほどで教科書から追放された。

ハイッテ　這ひ入りてナリはひノひガ省ケ
ルナリ
ノイテ　のきてノ音便　四段活用ニテ退クコ
〔十二頁〕
イーエ　否ノ轉ハいやトナリ又轉ジテいーえ
聲音便　いいえトアリタキ心地ス
〔十七頁〕
メダカ　目大クシテ高ク出ヅルヨリ名ヅク淡
長サ一寸許リノ小魚
〔十八頁〕
ウカセテ　浮かハ四段活用ノ將然段　せハ

『国定教科尋常小学読本参考書』には「いいえ」が「イーエ」とある。

007 日本の男性も「なでしこ」だった

サッカー日本代表女子チームの愛称は「なでしこジャパン」と言う。「なでしこ」とは、秋の花の「大和撫子（やまとなでしこ）」のことであり、日本女性の清楚な美しさをたたえていう言葉にもなっている。しかし、なぜ「なでしこ」が日本女性をあらわすようになったのか？

明治に入ったころから、外国との関係で活躍する日本人を指して「大和撫子」と呼ぶようになった。「大和撫子」の「大和」が日本人を象徴すると見られたからだ。

明治から昭和初期にかけては、女性に限らず、男性にも使われていた。**それが戦争の時代になると、従軍などして対外的に活躍する女性たちや、戦場に息子や夫をしっかりと送り出す女性たちの姿をたたえて「大和撫子」と呼ぶようになった。**

こうした戦時中のメディアの用法があって、「大和撫子」は強く美しい日本女性をあらわす言葉として定着していったのである。

「大和撫子」と呼ばれるカワラナデシコの花。

008 明治時代、漢字が存亡の機を迎えていた！

いまとなっては信じられないが、**明治時代に漢字が存亡の機を迎えていた。**知識人たちが漢字を廃止しようと本格的な運動を起こしていたのだ。

漢字廃止論の根拠はいくつかある。当時の脅威だった西洋の文化的な発展は、アルファベットという26（英語）程度の表音文字によってもたらされたと考えられたことや、活版印刷技術が進むなかで、無数にある漢字を使用頻度の低いものまでいちいち作ることが不便だったことがある。また、全体主義的な教育を施すにあたって、漢字の数を一定にしぼったほうがいいという考えもあった。

ただ、この漢字廃止論は明治になって突然出てきたものではない。

たとえば、江戸時代中期の国学者・賀茂真淵（かものまぶち）は、『国意考（こくいこう）』（1764〜1769）で次のような指摘をしている。

「インドは50の文字で5000あまりの書物で仏教を書き、伝えることができる。オランダ語は25のアルファベット、満州語は50文字ほどで、だいたいこれらの国は同じようなもの。中国だけが漢字を作って世の中は治まらず、さまざまなことが不便である」

国を治めるには、漢字は制限するか廃止して、ひらがなの五十音だけでよいのではな

いかという訴えが読み取れる。

また、幕末の1866（慶応2）年には、前島密（まえじまひそか）という人物が、徳川慶喜に建白書「漢字御廃止之議（かんじおんはいしのぎ）」を提出している。

これが漢字廃止論の事実上の端緒となった。

その建白書は、やはり西洋のアルファベットの単純なシステムを念頭に置いていて、**「漢字のような複雑極まりない文字を覚えているから教育が普及しない」**ということを訴えている。日本もアルファベットのような表音文字である仮名を多く用いるべきだと結論づけている。

しかし、前島の申し立ては退けられた。その後、幕府は崩壊し、明治維新を迎える。前島は民部省（のちの大蔵省）に入り官僚となる。そして政府に漢字廃止論をしつこく訴えていく。ちなみに、前島密は日本の近代郵便制度の創設者で「1円切手」にもなった人だ（P82参照）。

前島が打ち出した漢字廃止論は、知識人の共感を呼び、やがて大きな運動に発展していくのである。

009 ふりがなは書き手の自由な表現手段！

日本語には「ふりがな」というユニークな仕組みがある。書いた文字にわざわざルビをふるという仕組みはほかの言語にはない。

ふりがなは、漢字の読み方を示すだけではなく、それ以外の機能もある。書き手がある種自由なふりがなをふって、文章表現として独特のニュアンスを出すことがある。

たとえば、夏目漱石の『それから』には、「判然（はっきり）」「色光沢（つや）」「幻像（イリュージョン）」「哲理（フィロソフィー）」「平生（いつも）の」などの表記が見られる。ふりがながなければ読み手は「判然（はんぜん）」と読んでしまうところを、漱石は「判然」と書いて「はっきり」と読んでほしいのであえて「判然（はっきり）」としているのだ。

通常のふりがなに加え、**このような自由なふりがなの使い方が発生したのは室町時代のころと考えられている。**当時の辞書を見ると、「騒動」に対して「そうどう」と「さわぐ」の読み方を示したり、「蹂躙」に対して「じゅうりん」と「ふみにじる」の読み方を示している。では、なぜ自由なふりがなが発生したのか？

そもそも、日本語を書くときの出発点にはふりがながあった。「ふりがなに対して適当な漢字を探してあてはめる」という手順があったのである。こうなったのには、もともと話し言葉の和語があって、それに対して中国から流入した漢字をあてはめて書き言葉をつくったという経緯がある（P102参照）。

　時間とともに、ある程度、漢字が日本語のなかで安定的に用いられるようになったが、室町のころに再び大量の漢字が日本語に入ってきた。だから、書き手はふりがなに対してまた新たな視点から漢字をあてはめるようになった。**そんななかで、ふりがなと漢字の比較的自由な関係が生まれたのである。**

　いまもこの自由なふりがなは進化している。「本気（マジ）」「永遠（とわ）」「刑事（デカ）」「理由（ワケ）」「不良（ワル）」などは、歌の歌詞や漫画のセリフなどでよく見られる例だ。

は、其處（そこ）が漠然（ばくぜん）として、刺激（しげき）
るのである。其代（そのかは）り、學校（がくかう）へ
る。君（きみ）、ちつと、外國語（ぐわいこくご）でも
と門野（かどの）は何時（いつ）でも、左樣（さう）でせ
る丈（だけ）である。決（けつ）して爲（し）ませう
は、さう判然（はつきり）した答（こたへ）が出來（でき）な
生（うま）れて來（き）た譯（わけ）でもないから、
身體（からだ）の方（はう）は善（よ）く動（うご）くので、代（だい）

夏目漱石『それから』の初版本より（1910年、春陽堂）。「判然」という熟語に「はっきり」というルビをふっている。

010 日本語が多くの人称代名詞を持つのはなぜ？

日本語の人称代名詞は、**方言も含めたらほとんど無数にある。**ざっとあげてみよう。

一人称：わたし、わたくし、おれ、われ、自分、僕、小生、など。

二人称：あなた、あんた、おまえ、きみ、おぬし、貴様、など。

三人称：かれ、かのじょ、あいつ、あれ、あちら、そいつ、やつ、こいつ、など。

日本語には、なぜこれほど人称代名詞が多いのだろうか？　それは、**人間関係が相対的なものだから**だろう。

相手によって、自分が上なのか下なのか、対等なのか、親密なのか、親密でないのか、微妙に揺れ動く。**それを瞬時に把握したうえで的確な人称代名詞を使い分けてきた結果、さまざまな呼び方が発生した**のである。

日本語に比べると、英語などの欧米の言語では、極端に人称代名詞の数が少ない。英語なら、一人称：「I」、「we」、二人称：「you」、三人称：「he」、「she」、「it」、「they」という7つしかない。

これほど少ない理由は、**欧米では、人間関係を抽象的な形に落とし込めるから**だろう。人と人は互いに違う立場であることを認めているので、人間関係を築くときに、年齢や社会的地位などによる上下関係や親密度を持ち込むことがない。**どこに行っても「私」は「私」だし、「あなた」は「あなた」なのだ。**

ところで、日本語にも欧米の言語の人称代名詞に近いシステムがある。それが「甲」と「乙」だ。

賃貸契約書や売買契約書などさまざまな法的な契約書では、契約を交わす二者のことを「甲」と「乙」で抽象的にあらわす。

契約書のうえでは、「甲」と「乙」に一切の上下関係や親密度は反映されていない。英語の「I」と「you」のような抽象的な関係になっているのだ。

011 知られざる鼻濁音「カ゚キ゚ク゚ケ゚コ゚」

「鼻濁音」をご存知だろうか? 鼻濁音とは、鼻にかかるガ行の発音で、「ンガ」と瞬間的に「ン」が入るイメージ(本当に「ン」が入るわけではない)の音だ。表記的には「カ゚キ゚ク゚ケ゚コ゚」となる。

「ガッコウ」など、語頭のガ行の音はふつうの破裂音の「ガ」でいい。しかし、「サクラカ゚サイタ」「アリカ゚トウ」「ナコ゚ヤカ」「カク゚ワシイ」など語中のガ行は鼻濁音で発音する。

この鼻濁音があったのは、東日本から中部・関西にかけての広い地域で、東京や京都、大阪など大都市圏でもふつうに使われていた。**鼻濁音は、都会的で洗練された発音だったのである。**

ところが、戦後しばらくして東京では鼻濁音が衰退していった。鼻にぬける鼻濁音よりも、「ガギグゲゴ」の明瞭な発音が好まれるようになったのである。80年代にはすでに鼻濁音を使う若者はみられなくなった。新人のアナウンサーなどでも鼻濁音ができる人が減っていった。国立国語研究所の2009年の調査によると、鼻濁音を使う人の数は全国的に激減している。22世紀には東北以外の地域で完全に消滅するとも言われている。鼻濁音に慣れ親しんだ世代にとってみると、寂しい変化なのかもしれない。

012 若者言葉「知らねえ」のルーツは江戸？

若者言葉のなかでもちょっと乱暴な言い回しとして、「知らねえ」「行かねえ」「やらねえ」などの言葉を耳にすることがある。こんな日本語の乱れはなんとかならないのか、と思う人もいるかもしれないが、じつは**この若者言葉は江戸の庶民の言葉に似ているところがある。**

「知らねえ」「行かねえ」などの言葉は、語尾のエ段長音を特徴としている。必ず「エー」と語尾を伸ばすのだ。

江戸後期の下層町人階層の言葉にも、同じくエ段長音の言葉があった。「納まらねへ（納まらない）」「むげへ（むごい）」「おもしれへ（おもしろい）」「てへげへ（たいがい）」「くちごてへ（くちごたえ）」などである。乱暴な言葉にも聞こえるが、当時としてはふつうの町人が使う江戸語だった。

では、いまの若者言葉はこれら江戸語がルーツなのかというと、そうとは言えないようだ。同じエ段長音のように見えるが、**江戸語は形容詞の言葉で発生したものであり、若者言葉はその多くが動詞で発生したものであり、正確には仕組みが違う**からだ。ただ、形容詞「かっこいい」を「かっけー」などとエ段長音化するのは江戸語に近いという。

013 「いろは歌」に隠された秘密の暗号

平安時代に書かれた「いろは歌」（作者不詳、P114参照）には、恐ろしい秘密の暗号が隠れていると言われている。歌を見てみよう。

いろはにほへと　ちりぬるをわか　よたれそつねな
らむうゐのおく　やまけふこえて　あさきゆめみし　ゑひもせす

こうして7音ずつに区切って、最後の字をたどって読んでみる。

「とかなくてしす（咎無くて死す）」

これは偶然ではない。このように**和歌にある言葉を詠み込む技法は当時よく行われていたことで、意図的に入れられたもの**だ。「とかなくてしす」とは「無実の罪で死ぬ」という意味。だからこれは、「無実の罪を着せられて死んでいった作者の恨みのメッセージである」とする説がある。

ただ、「罪を受けるようなこともなく死ぬことができるのは幸せだ」という仏教的な解釈も可能で、真意は謎である。

「忠臣蔵」として知られる浄瑠璃『仮名手本忠臣蔵』の表題は赤穂〝四十七〟浪士といろは歌の〝四十七〟文字をかけたもの。

014 「五十音図」なのに45文字しかないワケ

助詞の「は・へ」を「ワ・エ」と発音をするようになった（ハ行転呼音現象、P182参照）のは、平安時代中期のころだ。この時代には、ほかにも**日本語の音の変化**がいろいろと起きていた。

10世紀後半～11世紀はじめには、ア行の「オ」がワ行の「ヲ」と一つになった。また、11世紀末～12世紀には、ア行の「イ」とワ行の「ヰ」が一つになり、同じくア行の「エ」とワ行の「ヱ」が一つになったと考えられている。

「いろは歌」によれば、**日本語にはもともと47の音があったことになるが、平安時代に以上のような音の変化が起きた結果、3つの音が減って、44になった。**ただ、日本語の表記としては、「を（ヲ）」「ゐ（ヰ）」「ゑ（ヱ）」はそのまま残った。だから、日本語の仮名としては47文字のままで受け継がれたのである。その後、「現代仮名遣い」（1986年、P150参照）では、**「ゐ」「ゑ」は含まれておらず、45の仮名になっている。**

結局のところ、「五十音図」と言いながら、じっさいは45文字しかないのである。

ちなみに、「五十音図」というとき「ン」は含まれないが、現在の五十音図の表では「ヲ」のあとに「ン」が置かれることがふつうである。

015 「五十音図」の辞書は、不便だった？

国語辞書は、五十音順にならべられているのがふつうだが、じつは**このならびができてから、まだ1世紀ちょっとしかたっていない。**

それまでの辞書は、室町時代の『下学集（かがくしゅう）』のように、「天地門」「時節門」などと部門ごとにわかれていて、そのなかに出鱈目に言葉がならべられていた。それほど言葉の数がなかったからそれでも不便はなかったのだろう。あるいは、同じく室町時代につくられた辞書『節用集（せつようしゅう）』のように、「いろは順」のものがふつうだった。

ところが**明治時代になり、文部省内の日本語辞書編纂局に勤めていた大槻文彦という国語学者が、はじめて「五十音順」の辞書『言海（げんかい）』（1889〜1891）をつくったのである。**

なぜ大槻は、五十音順を思いついたのか？

一つには文法とのからみがあるようだ。

彼は日本ではじめての近代的文法書『語法指南』（1890）を出版して、普通名詞と固有名詞の違いや動詞の活用をまとめている。これは子供のころからオランダ語を勉強し、言語を文法面から理解することの重要さを知っていた大槻ならではの研究の成果といえるだろう。

たとえば、**動詞の活用は、五十音と関連している。**「かう（買う／飼う）」の活用は、「かわない・かいます・かう・かえば（かえる／かえ）・かおう」と2番目の音にア行「あ（わ）・い・う・え・お」があらわれる。

このように**文法を理解するには、五十音が欠かせない。ならば辞書も五十音にしよう。**大槻はこう考えた。

もう一つの理由は、「本書編纂ノ大意」に書かれている。「いろは順」では、「急いで辞書を引くときには、何度『いろはにほへと……』と頭のなかで反復しても、非常に時間がかかるし、わかりにくい」ということだった。五十音順なら、「あかさたなはまやらわ」と追っていけば早いというわけだ。

大槻の五十音順の辞書が登場してから、1904年には文部省の教科書編纂趣意書でこの配列が採用され、五十音順の辞書が主流になっていく。

ところで、『言海』がはじめて出版されたとき、「いろは順」に慣れていた福澤諭吉はこう嘆いたとされる。

「風呂屋の下駄箱でさえ『いろは順』なのに、なぜ『あいうえお順』なんかに並べるんだ。不便でしようがない」

016 「也」「之」は漢字ではなかった？

漢文を見ていると、よく文末に**「也」**という漢字がある。「也」は、中国語では「イエ（ye）」、日本語では「なり」と読む。

これは**文末助字**というもので、句読点がなく漢字だけがならぶ漢文のなかで「、」や「。」の役目を果たしている。だから、**漢字というよりは、一種の記号のようなもの**なのだ。「也」は、もともとはサソリを描いた象形文字で、文末の語意を強めたりする言葉として使われていたと言う。

同じように文末に置かれる漢字に「之」がある。日本語で「これ」と読む。この漢字も何か意味があるわけではなく、記号のようなものだ。

漢文を読むとき、読み手は読みやすくするために朱で句読点などを入れていたが、そのときに文末を示すものとして書き入れた記号が「⻌」だった。「之」は、この「⻌」から発展したものである。

「也」にしても「之」にしても、**もともとは漢字とはいえないもの**だったのである。記号的なところがいいのか、どちらも人名に用いられやすく、「拓也」「和也」「愛之助」「雅之」など男性の名前でよく見る。

017 外国の真似事からできた「段落分け」

日本語の文章を書くときは、ところどころで1字下げて**段落**を変えなければいけない。作文の書き方として小学校で習ったことだろう。

日本語の文章には必ず段落があるのである。と、思って『源氏物語』の写本を見てみると、どこにも段落がない。えんえんと切れ目なく文章がつづいている。ついでに言えば、段落どころか句読点の「。」や「、」も見当たらない（句読点の使い方が正式に決まったのは明治39年のこと）。昔の文献はどれも同じである。いまの出版物には段落や句読点があるが、これはあとから編者が読みやすくするためにつけたものだ。

じつは**日本語に段落があらわれたのは、明治20年代の国定教科書から**だ。外国語の文章が「パラグラフ」ごとの単位になっていることから、それにならって日本語にも「段落」なるものを取り入れたのである。

しかし、どこで一字下げるのか、そもそも段落にはどのような意味があるのか、教員のほうでもよくわかっていなかったので、一般にはあまり広まらなかった。段落の使い方が理解されて定着したのは、戦後のことである。

018 「~ちゃん」という呼び方は大和言葉の名残り？

古代の日本人の発音は、現代とはかなり違っていた可能性がある。なかでも、奇妙な発音をしていたと思われるのが、**サ行**だ。

たとえば、奈良時代のサ行の発音を、万葉仮名を手がかりに解釈すると、**「サ」→「ツァ」「チャ」「シャ」、「シ」→「スィ」、「セ」→「シェ」であった**と言う。平安時代中期では、「シャ・シ・シュ・シェ・ショ」というのがサ行の発音だったと推測されている。もはや赤ん坊が話すサ行のようだ。

16世紀末のキリシタン資料を手がかりにすると、そのころのサ行は「**サ・シ・ス・シェ・ソ**」、ザ行は「ザ・ジ・ズ・ジェ・ゾ」であった。かなり現代の発音に近づいてはいるが、「セ」は「シェ」、「ゼ」は「ジェ」だった。だから「先生」は「シェンシェイ」、「全然」は「ジェンジェン」だった。これが室町時代の都の発音だったのだ。この発音はいまの九州や東北の一部の方言に保存されている。

一昔前、「お父さん」を「おとっつぁん」と言ったが、ここには「サ」→「ツァ」の関係がある。「真央さん」を「真央ちゃん」と言うのも、「さん」と「ちゃん」に「サ」→「ツァ」の関係が隠されているから。古代のサ行発音の名残があちこちにあるのだ。

019 平安時代の日本語が琉球方言に残っている？

言葉というのは伝播する。日本の文化の中心があった奈良・京都・江戸で生まれた言葉というのは、波紋のように順番に地方に伝わっていく――。

これは民俗学者・柳田國男（やなぎだくにお）が唱えた**「方言周圏論」**の考え方だ。この考え方をもとにすると、かつて中央で使われていた言葉は、いまも地方に残っている可能性がある。

たとえば、清少納言の『枕草子』のなかで、文章などに用いてはいけない俗な言葉の例として、**「ひてつくるまに」**があげられている。これは「ひとつくるまに」が訛ったもので、意味としては「一つの車に乗って」「同じ車に乗って」というもの。平安時代、貴族らは「ひとつ」と言っていたのを、宮廷の外の一般庶民は「ひてつ」と言っていたと推測される。

この「ひてつ」が沖縄に残っている。現在の琉球方言では、「ひとつ」ではなく「ひてつ」にあたる言い方がされているのだ。ちなみに、八丈島では「てつ」と言われていて、これは「ひてつ」から派生したと考えられる。

このように、平安時代に一般庶民が使っていた言葉は、いまの琉球方言や八丈方言に伝わって保存されているのだ。

020 東北と九州の方言は同じだった!?

東北と九州は地理的に離れているし、歴史や風土も大きく異なる。方言も当然、まったく違うのだろうと思いがちだ。

ところが、**東北と九州には同じような方言があることが指摘されている。**たとえば、「さ」という言葉の方言だ。

東北の方言では、「俺ら東京さ行くだ」と言う。この「さ」は、「〜へ」「〜に」という意味の助詞である。

東北の「さ」に近い表現が九州の方言にある。たとえば、宮崎・日南あたりでは、「東京さめ行たが」という使い方がされている。意味としては、「東京へ行ったよ」ということだが、厳密に言うと、「東京のほうへ行ったよ」ということになる。**「さめ」は「〜のほうへ」と方向の意味をあらわす。**「医者とこに行たが」といえば、「医者に行ったよ」ということになる。

東北の「さ」と九州の「さめ」は、同じルーツをもつ「さ」の言葉と考えられるが、意味や形は微妙に違う。これはどう説明すればよいのか?

P35で紹介した「方言周圏論」のとおり、中央の言葉というのは、波紋のように順番に地方に伝わっていく。**この伝播の過程で言葉は変わることがあるようだ。**

平安や鎌倉の文献には、「〜のほうへ」と方向をあらわす「さまに」「さまへ」という言葉が見られる。この「さまに」「さまへ」が東北や九州へ伝わった。そのとき、九州では中央の言葉の意味を保存して「〜のほうへ」という使い方をした。一方、東北では、「さ」を助詞「に」「へ」の意味として生まれ変わらせたのである。

中央の言葉は地方に広まったとしても、地域によって受容の仕方が違うので、意味や形が変わる。だからルーツは同じでも地域ごとに豊かな方言が生まれるのだ。

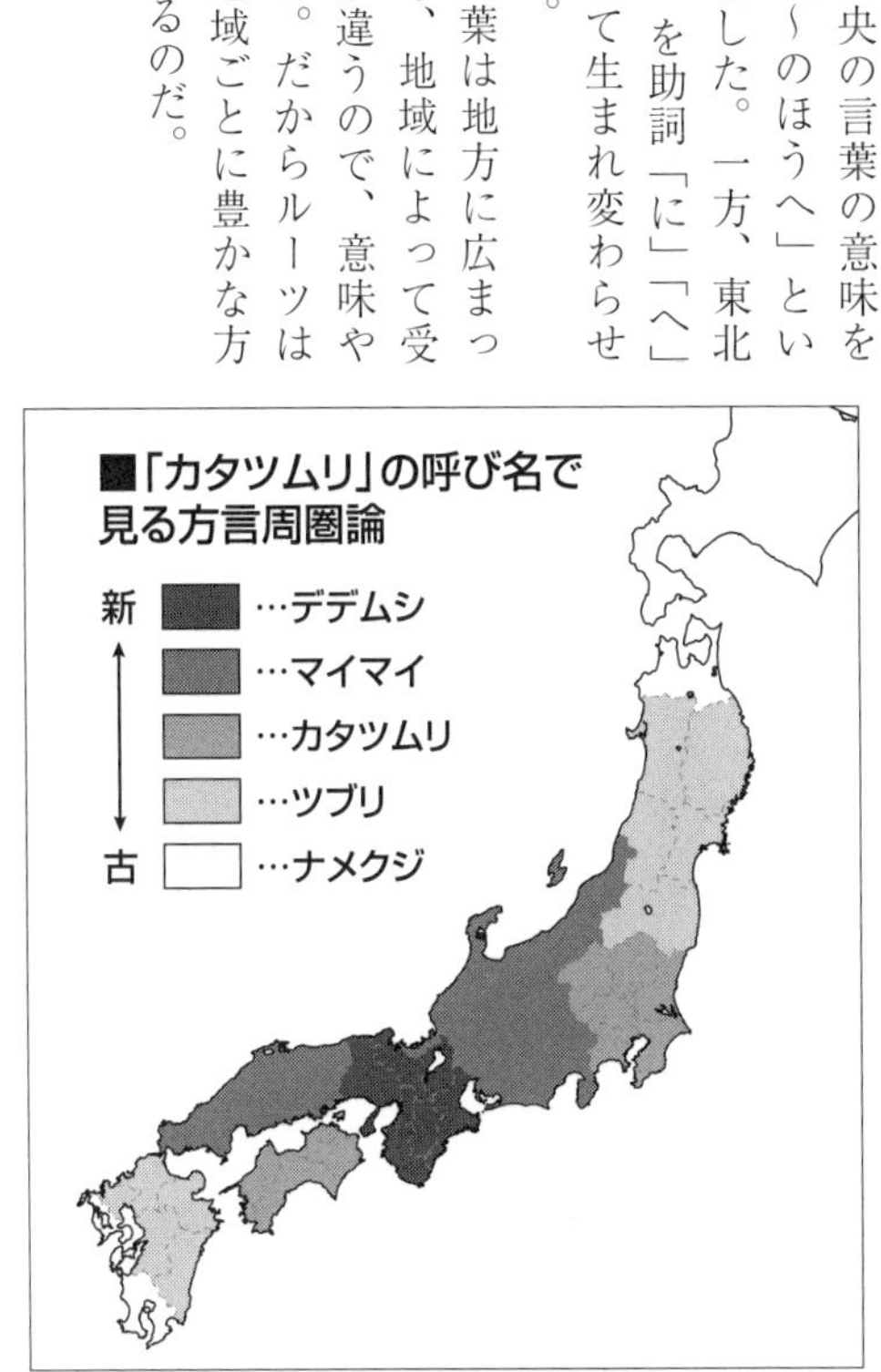

京都（近畿）を中心として、言葉が地方に伝播することを示した「方言周圏論」。

021 敬称「〜さま」は方向を示す言葉だった

前項でふれたように、平安・鎌倉時代には、「さまに」「さまへ」が「〜のほうへ」という方向をあらわす言葉だった。「京さまへなむ来ぬる」（『更級日記』）と言えば、「京のほうへ飛んで行きました」という意味になる。

「さまに」「さまへ」と言うと、なんとなく「田中さま」などの「さま」を連想してしまうが、じっさい**方向をあらわす「さまに」「さまへ」から敬称「さま」が生まれていた。**

日本語には直接的な表現を避けることで、丁寧さをあらわすことがある。「田中に渡す」だと直接的で失礼になるので、「田中さまに（のほうへ）渡す」と方向の表現を入れて、**なんとなくぼかして丁寧さを出す。**こうした使われ方がされるうちに、方向の「さまに」が敬称の「さま」に変化したと考えられているのだ。

室町以降は、中央語の方向を表す「さまに」「さまへ」が消えてしまったが、反対に敬称「さま」だけが残ったのである。

「〜さま」が訛って、よりくだけた「〜さん」になった。「さん」の幼児語が「ちゃん」である。

022 関西弁で自分のことを「うち」と言う理由

日本語にはたくさんの人称代名詞があるが、なかでも日本語ならではといえるのが「うち」という表現だろう。

「うちの会社では」「うちの町では」「うちのクラスでは」など、「うち」をよく使う。関西では「うち」が主語になり、「うちな〜、こんどディズニーランド行くねん」などと言う。女性や子供がよく使うようだ。

この「うち」というのは、まさに「うちとそと」の「うち」のことだ。

古来、日本では、相手が遠いか近いかを軸に人間関係を考えていた。それが人称代名詞の「うち」「こちら」「あちら」「こっち」「あっち」などの言葉としていまに残る。

一方、**あとから入ってきた漢字文化は、中国の家父長制の考え方を背景に相手が上か下かで人間関係を考える。**もともとの大和言葉には、そのように相手を上下で扱うものはなかった。

結局、「うちとそと」と「上か下」という2つの体系が融合してできているのが、日本語の敬語なのである。

023 俳句が「五・七・五」になった理由

日本語の詩歌は**七五調**や**五七調**などと言われ、5音からなる「五言句」や7音からなる「七言句」が耳になじみやすいとされている。「なつくさや　つわものどもが　ゆめのあと」といった具合だ。なぜ5音や7音がいいのか?

そもそも日本の詩歌のあり方は特殊である。英語などの外国語の詩歌では、韻をふんだり、母音の長短やアクセントの強弱でリズムをつくるが、日本の詩歌ではこうした韻やリズムが機能しにくい。

韻についていうと、日本語の言葉はすべて母音で終わる。しかも母音は「ア・イ・ウ・エ・オ」のたった5つしかない。**韻をあわせるのが簡単な言語なので、韻をふむ効果が出ない**のだ。英語では母音が20くらいあるので、韻をふむ効果がでる。リズムについても、日本語には母音の長短もなければ、アクセントの強弱もないので効果がでない。

ではどうすればいいのか? そこで考え出されたのが、五言句や七言句など、**音の数を要素とするパターンをつくり出し、それを繰り返すことでリズムをつくり出す**というものである。このリズムは、言い換えると「調子」ということになる。言語学者の外山（とやま）滋比古（しげひこ）氏は、七五調や五七調は、「リズムではなく調子である」と述べている。七五調や五七調のあいだに入る句切れ（ポーズ）によって、調子が生み出されているという。

では、なぜ5音と7音の数が良いとされているのか？

一つには、**日本人は4音や4文字の言葉が好きだからという説がある。**じつは日本語の言葉の6割は4文字（2音節）でできている。4文字が好きなので、長い言葉でも4文字にしてしまう（パソコン、コンビニ、セクハラ、リストラ、イケメン、など）。4文字が好きで4文字の言葉が多いので、5音と7音がつくりやすい。4文字に助詞をたして5音、4文字＋3文字で7音になる。

また、日本の歌はほとんどが**四拍子**である。日本人は四拍子が好きだ。だから、詩も四拍子で詠む。俳句の「五・七・五」や短歌の「五・七・五・七・七」は四拍子にはまりやすい。あいだに長短の句切れを入れると、心地よい四拍子で詠めるのである。

「フルイケヤ・・・一・カワズトビコム一ミズノオト・・・」

024 「誤用」が定着してしまった日本語

日常使われている言葉のなかには、本来の意味が薄れて、別の意味で「誤用」されているケースがある。

たとえば、**「憮然（ぶぜん）」**とはどんな意味だろうか？「憮然とした表情」と言ったとき、「腹を立てているような表情」をイメージする人がほとんどだろう。しかし**本来の意味は、「失望してぼんやりとした表情」というのが正しい。**「憮然」とは、「失望や不満のためにむなしい気持ちでいるさま」という意味である。

「憮然」の本来の意味は通用しなくなっている。文化庁の「国語に関する世論調査」（2007年度）によると、**本来の意味で使う人は17・1％にとどまったのに対し、誤用していた人は70・8％にものぼった**のだ。

同じような誤用が多い言葉に**「姑息（こそく）」**がある。「姑息な手段」などというと、「卑怯な手段」という意味で解釈されるだろうが、**本来は「一時の間に合わせにすること」「その場しのぎ」という意味**だった。「姑」が「しばらく」、「息」が「やむ」という意味からきている。「姑息な手段」は、本来は「その場しのぎの手段」という意味なのである。

ちなみに、四字熟語「因循姑息」というと、「古いやり方を変えずに現状をずるずるつづけるさま」という意味になる。

また**「檄を飛ばす」**というと、「叱咤激励する」という意味で解釈されるが、これも誤用だ。そもそも「檄」と、激励の「激」では漢字が違う。

「檄」とは、古代中国で役所が緊急の知らせを記して民衆に周知するための木札を指した。だから「檄を飛ばす」とは、**「自分の主張や考えを、広く人々に知らせて同意を求める」**ことを指す。前述の調査では、本来の意味で使う人は19・3％で、「叱咤激励する」の意味で使う人は72・9％で、すっかり誤用が広まっている。

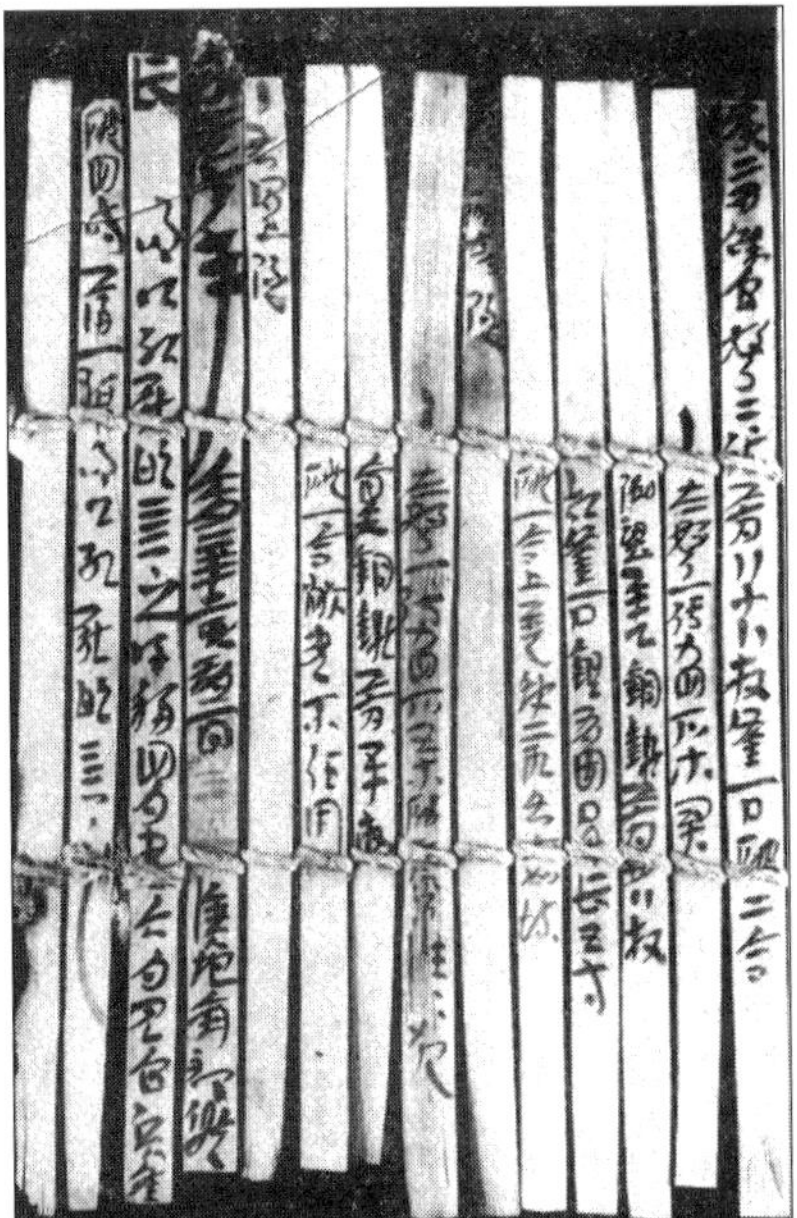

古代中国で使われていた木簡の「檄」。（画像引用：『木簡・竹簡の語る中国古代』冨谷至著より）

第二章　知って納得！　日本語の由来

025 「うちのカミさん」は神様のことだった!?

自分の妻の話をするとき、比較的多いのが、「うちのカミさんが……」と話す人だ。この「カミ」とは何なのか？　漢字ではどう書くのか？　主に2つの説がある。

1つは**「上さん」**だ。これは、**将軍や天皇に対して使った「上様」**からきている。職人や商人たちの間では、他人の妻のことを「おかみさん」と呼ぶようになり、また、親しい間柄では自分の妻を「かみさん」と呼ぶようになったと考えられる。

もう1つは、「山の神」に由来するという説だ。古来、日本ではあらゆるものに神が宿ると考えられ、そのなかに「山の神」がいた。

山というのは、普段は静かで穏やかであるが、いったん天候が荒れると、土砂崩れや川の氾濫をもたらす恐ろしいものである。**山の神は女神とされている**が、怪物化する記紀神話の女神イザナミなどを連想させる。

機嫌がよければ優しいが、いちど機嫌を損ねると、夫も太刀打ちできない鬼嫁に。そんな妻を山の神に見立て、へりくだって「カミさん」と言うようになったようである。

026 「孫の手」ではなく美しい娘の手だった？

背中など自分の手の届かないところを掻くときに使う「孫の手」。おじいさんやおばあさんのために孫が掻いてくれる姿を連想してしまうが、もともとは「孫」ではなかった。孫の手は、もともとは**「麻姑の手」**と書いて、「まこのて」と言った。**麻姑とは、古代中国の伝説上の仙女である。**姿は美しい娘であるが、なぜか鳥のように**異様に長い爪を持っている。**昔、そんな長い爪でかゆいところを掻いたら気持ちいいだろうと想像する人々がいた。そこから、背中を掻く棒を「麻姑の手」と呼ぶようになったのである。ちなみに、「麻姑を雇いて痒処を掻く」といえば、かゆいところがうまく掻けるということから、「思い通りにものごとがうまく運ぶ」という意味になる。

中国の「麻姑の手」が日本に伝わり、「まこ」が濁って「まご」に変化した。いつのまにか女の長い爪はかわいらしい孫のものとなり、「孫の手」になったのである。

中国に伝わる仙女・麻姑。

027

中国由来の囲碁から生まれた「一目置く」

囲碁は中国生まれの遊びだ。日本には、遣唐使を介して奈良時代に伝わり、平安時代にかけて天皇や貴族などのあいだで大変流行したと言われる。囲碁が賭け事になったという記録もある。そんな**囲碁の遊びを通して生まれた言葉の一つが、「一目置く」だ。**

囲碁では、自分の碁石で相手の碁石を囲んで陣地を取り合うが、当然、碁石が一つでも多いほうが有利になる。そこで、**ハンディとして弱いほうが先に一目（一個の碁石）、または数目の石を置いてから対局をはじめるのが習わしとなった。**ここから「一目置く」とは、相手の実力を認めて、敬意を払うことを意味するようになったのだ。

そのほか、**「布石」**や**「捨て石」**も囲碁から生まれた言葉である。「布石」とは、その後の展開のために序盤で石を配置していくこと。「捨て石」は、相手にわざと自分の石をとらせて、相手を崩していく戦略である。これも一般に用いられる言葉になった。

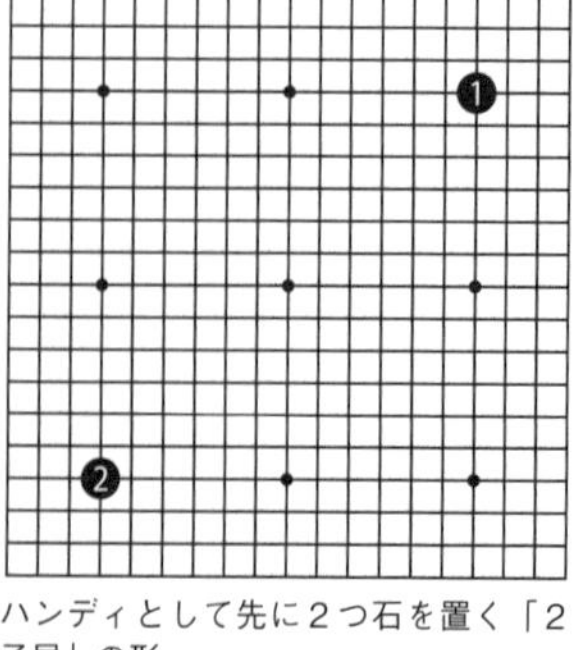

ハンディとして先に２つ石を置く「２子局」の形。

028 「ふつつかもの」は立派な人だった？

「ふつつかものですが、よろしくお願いいたします」とは、結婚のあいさつにおける女性の定番のセリフである。**「気のきかない者ですが」「未熟者ですが」とへりくだる表現になる。**

このように「ふつつか」は、ネガティブな意味を持つが、**もともとは全く逆の意味を持っていた。**

「ふつつか」は漢字で**「不束」**と書く。ただ、これは当て字であって、もともとは**「太束」**と書いた。「ふつ」は太いことで、「つか」は稲などを束ねたものを数える単位だった。ここから、「ふつつか」とは、**「太くてしっかりしていること」「立派で丈夫なさま」**を意味した。平安時代の『源氏物語』では、「ふつつかなる後見（うしろみ）まうけて」と、「立派な後見人」という意味で使われている。

しかし、**太いものは野暮ったいイメージもあることから、「ふつつか」は「不格好」「風情がなく無骨」「大雑把」という意味でも用いられるようになった。**

それが江戸時代になると、現代のような「行き届かない未熟者」や、あるいは「教養がない人」という意味で定着したのである。

029 父は「濡れ衣」で娘を殺してしまった

その由来を知ってゾッとする言葉がある。

たとえば、「土壇場で逆転する」と言うときの**「土壇場（どたんば）」**。物事のせっぱつまった場面のことだ。**もともと土壇場とは、斬罪を行う刑場で、首を切るための土の壇のことを言った。**土壇場の前には首を落とすための穴が掘られていて、胴体は刀の試し斬りに利用されたという。そんな凄惨な現場が「土壇場」なのである。

「濡れ衣」も怖い。「濡れ衣」とは、無実の罪のことで、由来を探るとこんな話がある。先妻の美しい娘をねたんだ継母が、夫に「あの娘は若い漁師と密会しています」とウソを言って、娘の部屋に潮水で濡れた服を置いた。**濡れた服を見つけた夫は、それが漁師のものと思い込み、激高して娘を殺してしまった。**

この話をもとにした歌が**「目も見えず涙の雨のしぐるれば　身のぬれぎぬの干るよしもなし」**（『後撰和歌集』９５１／目も見えないほど涙の雨がしぐれているので、身にかけられた濡れ衣の乾くはずもありません）である。この歌の「ぬれぎぬ」が語源となったという。

030 なぜ「汗をかく」と言うのか？

「汗をかく」「いびきをかく」「恥をかく」「べそをかく」「ほえづらをかく」（べそをかくこと）など、「〜をかく」にはさまざまな表現がある。

しかし、なぜ汗や恥は「かく」と言うのか？

この「かく」は、漢字では**「掻く」**と書く。「掻く」は、ひっかくことで、指先や細いものの先端で表面をこすることだ。そのほか**「掻く」には、体内にある汚いもの、好ましくないものを外に出すという意味がある。**ここから、汗やいびきを「かく」と言う。

また「かく」には、なにかすることに対するののしりの意味もある。ここから、「べそをかく」「ほえづらをかく」という表現になった。

「欲をかく」「裏をかく」「あぐらをかく」と言うのも同じこと。「寝首をかく」といえば、人の油断に乗じて卑劣なはかりごとで陥れることで、**文字通り、眠っているところを襲って首を切り取る**という恐ろしい意味もある。

031 「南」「北」の由来は「ミギ」「ヒダリ」？

世界中の多くの民族に見られるのが、**太陽が昇る「東」の方角への崇拝**である。

たとえば、キリスト教の教会が向いている方向は、ほとんどが東だ。日本でも古来、東が重要な意味を持った。『古事記』では、最高神アマテラスの孫にあたる天孫・ホノニニギノミコトが、日に向かう国という意味の「日向（ヒムカ）の高千穂」に降臨する。三代あとのカムヤマトイハレビコ（のちの神武天皇）は地上を平定するため、「東に行かむ」と言って九州から大和へ向かった。いわゆる神武東征である。最高神で太陽神のアマテラスを祀ったのは、さらに東に位置する伊勢だった。

ところで、東西南北という方角の呼び名は、「東」を基準に生まれたと考えられる。まず**「東」**という呼び名だが、これは**日に向かうから「ヒムカシ」で、「ヒムガシ」→「ヒガシ」と音が変化した**と考えられる。

東を向いたとき、右側が南で、左側が北にあたる。右のことは、もともとは「ミギ」に「リ」をそえて「ミギリ」と言った。**「ミギリ」→「ミナミ」と変化して「南」**。「ヒダリ」は、**「ヒダ」が「キタ」に変化して「北」**。こうして南と北ができた。

ちなみに、「キタ」は、「キタナシ（汚）」もあり、暗いイメージがつきまとう。たとえば、「敗北」という言葉にあるように、戦に負けた人が逃げるのは「北」と決まっている。負けるのは戦ばかりではない。昭和の演歌「津軽海峡冬景色」では、恋に破れて夜行列車で帰っていく方角が「北」だった。「北国の春」にあるように、帰る故郷は「北」と決まっている。

さいごに「西」の語源についてだが、これは明らかになっていない。「ヒガシ」に対する「ニシ」で、「シ」は方角をあらわす語とされるが、「ニ」は何を意味するのか？　西は、**日が没するところで、死者の国があるとされていた。**仏教では「西方浄土」というように、極楽浄土のある方角とされる。『古事記』には死者の住む世界として「根之堅州国（ねのかたすくに）」が出てくる。この「根（ね）」が「ニ」に変化したとも考えられる。

神武天皇による東征を描いたもの。「東」は太陽に向かうことを意味し、『古事記』では「よきところ」と評されている。

032 「サツマ」と「アズマ」は対になる言葉？

古代、大和に都をおいた王権は、そこを中心に東と西に勢力を拡大していった。その東西の征伐過程で、東の地域は「アヅマ」、西の地域は「サツマ」と呼ばれた。

すぐに気がつくかもしれないが、**「アヅマ」と「サツマ」は対をなす言葉**である。「ツマ」は着物の褄（つま）や建物の妻（つま）のように、モノの端を意味する。大和を基準にしたとき、東と西の地域は端にあって、まだ流動的で固定しない辺境地と見なされていた。**だから、端の地域ということで「ツマ」と呼んだ。**「ツマ」に「ア」と「サ」の接頭語をつけて、「アヅマ」「サツマ」である。

ちなみに、大和政権の東西征伐は、ヤマトタケル伝説によく投影されている。ヤマトタケルは、父である景行天皇の命にしたがい、サツマのクマソを退治し、さらにアヅマの荒ぶる神々と人々を平定するのである。

ヤマトタケルは女装をしてサツマの一大勢力「クマソ」の屋敷に忍びこみ、征伐した。（月岡芳年・画）

033 「男」「女」は、たった一文字で表されていた

「男」と「女」のことは、古い和語では**「を」**と**「め」**というたった一語であらわされていた。それぞれ修飾的な語をつけて、「ますらを（丈夫）」「たわやめ（多和也女）」という言い方もされた。

平安時代になると「をとこ」と「をんな」になった。

もともとは**若い男女を「をとこ」「をとめ」と言っていて**（「をと」は成人したての若さを意味する語）、対義語になっていた。しかし、このうち「をとこ」が一般の男性を指すようになるにつれ、その対義語として「をんな」が一般の女性を指す言葉として定着したとされる。「をんな」は「をみな」から転じた語で、**もとは若さや美しさをそなえた女性をたたえる言葉だった。**

「を」はこれ一語で用いることはなくなったが、「め」のほうは「妻」をあらわす語となった。この「め」と「をとこ」が合わさって「めをとこ」となり、これが「めをと（夫婦）」の語源となった。

ところで「を」「め」は、人間の男女だけではなく動物にも用いられ、近世あたりから動物の雄雌を区別する「をす（おす）」「めす」になったとされている。

034

「女房」とは宮廷の高位の女官たちのことだった

「女房には頭があがらない」など、自分の妻のことを「女房」と言うことがある。「女房」とは既婚の女性のことをあらわすが、もともとは未婚の女性でも「女房」と呼ばれていた。

平安時代、「女房」といえば宮廷に仕える女官たちのことだった。彼女たちには個室があたえられていて、その部屋を「女房」と言った。これが「女房」の由来である。「房」は「部屋」を意味する。個室があたえられるくらいだから、女房の身分は高い。教養があって、有力な貴族の后の家庭教師をつとめた。ほかの雑用係の女官とはちがうのだ。だから**「女房」とは、一種の敬称でもあった。**もちろん、女房のなかには未婚の女性もいたわけである。

女房の有名人といえば、紫式部や清少納言などがいる。彼女たちは、華やかな宮廷生活のなかから世界に誇る文学作品をしたためていった。これが「女房文学」である。

やがて「女房」という言葉が一般にも広まり、**中世末期から「妻」の意味でも使われるようになっていった。**

かの紫式部も宮廷に仕える「女房」だった。

035 清少納言の「をかし」の由来は「愚か」？

清少納言の『枕草子』では、やたらと「をかし」という言い回しが使われている。夏ならば、蛍の一匹や二匹がかすかに光って飛んでいるのを「をかし」と言ったり、秋ならば、雁などが隊列を組んで飛んでいる様子が遠くに小さく見えるのを、「いとをかし」と言っている。「をかし」には、「滑稽だ・おもしろくて興味がある・趣がある・美しい」など広い意味がある。自分が見つけたちょっとした感動を表す言葉だ。

「をかし」は、それ以前の文献には見られない。『枕草子』が書かれた平安時代あたりから使われるようになったようである。

「をかし」の語源は、「をこ（愚）」とする説がある。「をこ」は、愚かなことや馬鹿げていることを意味する古い言葉。やや見下すときに使う「をこ」という言葉から、「をかし」という女性的なゆるい表現が生まれたのだ。さらにこれが現代の「おかしい」につながっている。

『枕草子』の作者・清少納言。（菊池容斎・画、明治時代）

036 「侍」は身分の低い「パシリ」だった!?

「さむらい（侍）」は、もはや世界共通語になっている。黒澤明監督の映画は、『七人の侍』をはじめ、日本の「サムライ」のイメージを世界に広めた。『ラストサムライ』などのハリウッド映画もできた。

「侍」といえば、武芸に秀でているだけでなく、仁義や忠義の心を持つ尊敬されるべき人物だが、**もともとの「さむらい」はそんな立派な者を指していなかった。**

平安時代後期、天皇や貴族など身分の高い人に仕えることを「さむらう」「さぶらう」と言った。それがなまって「さむらい」と呼ぶようになった。**「さむらい」になったのは、身分が低く、職のないものたち。**「さむらい」とは、下級身分をバカにした呼び名だったのである。

侍は、宮中や貴族の館の警固（けいご）にあたっていたが、平安末期の戦乱で活躍して徐々に力を持ちはじめる。鎌倉時代には、朝廷から位階を授けられ、「侍」として優遇された。位階がなければ「凡下（ぼんげ）」と言って、区別された。

「侍」に対し、とくに上皇や法皇に仕える侍のことを「武士」（武芸のできるすぐれた人）と呼んだ。やがて江戸時代のころまでには、「侍＝武士」と同一視されるようになる。

037 鎌倉時代まで「関西」はなかった

「関東」と「関西」――。この2つの地域の呼び名は昔からあったように思えるが、じつは「関西」という呼び名は、**鎌倉時代になってはじめてあらわれたもの**である。

日本の中央政権は奈良・京都という関西に置かれていた。関西があくまでも日本の中心だったので、**わざわざ「関西」と呼ぶ必要はなかった**。ところが、平安末期から東国に自立の動きが活発になる。1221年の承久の乱のあと、鎌倉幕府は仲恭（ちゅうきょう）天皇を廃し、後鳥羽・順徳・土御門の三上皇を流罪とした。六波羅探題を創設して朝廷の監視も徹底した。こうして西の朝廷と対抗する東の王権として鎌倉幕府の土台がつくられた。

すると鎌倉の人々は、**京都側から鎌倉に対して用いられていた「関東」という呼び名に対し、京都を含む西国のことを「関西」と呼ぶようになったのである**。「関東」が自立してはじめて「関西」が生まれたというわけだ。

承久の乱を起こした後鳥羽上皇。

038

「太鼓判」とは、信玄の自慢の貨幣のこと

絶対に確実であるという保証をあたえることを、「太鼓判を押す」という。この「太鼓判」の言葉が生まれた背景には、戦国時代の**武将・武田信玄**の存在がある。

当時、信玄が治める甲斐（現在の山梨県）では、黒川金山や湯之奥金山など、で採掘した金から**「甲州金（甲金）」と呼ばれる高品質の貨幣を鋳造していた。**甲州金の鋳造は、父の信虎の代にはじまり、信玄の代で品質が向上し、貨幣制度としても整備された。甲斐を中心に流通した甲州金は、江戸時代になっても地域通貨として特別に流通が許可された。幕府が廃止しようとすると、反対運動が起きたほど巷に浸透していた。

甲州金の表面は、丸形の淵に小さな点が刻まれていて、それが**太鼓の革をとめる鋲**（びょう）のように見えた。ここから「太鼓判」と呼ばれるようになった。やがてこれがもとになって、品質を保証することを「太鼓判」というようになったのである。また、「太鼓判」という名前は判のようなイメージがあるので、「太鼓判を押す」という表現が生まれた。

甲州金。上側に太鼓の革をとめる鋲のようなデザインがみえる。（©As6022014）

039 「火蓋を切る」の表現は火縄銃がきっかけ

日本に鉄砲が伝わったのは、1543（天文12）年。ポルトガル商人を乗せた船が種子島に漂着し、島主・種子島時堯（ときたか）に鉄砲二挺が譲り渡されたことにはじまる。

時堯は複製品の製作に成功し、戦でさっそく威力を発揮した。一方、堺の商人・橘屋又三郎（たちばなやまたさぶろう）は、その製法を学んで堺に持ち帰った。これをきっかけに、鉄砲は各地に広まり、戦国時代の様相を一変させていく。

このときの鉄砲は、いわゆる火縄銃というもので、発砲するには、なかなか手間がかかった。銃口から火薬と弾を押し込めるほか、火皿と言われるところの火蓋を開き、点火薬を注ぐ。火蓋はいったん閉めて、火挟（ひばさみ）に火縄をつける。いよいよ発射となったら、射撃の構えをして、火蓋を開け、照準を定めて引き金を引いて発射する。

このうち、**さいごに火蓋を開けることを、「火蓋を切る」と言った。**同時にこの重要な作業が「戦闘がはじまる」という意味にもなったのである。

040 戦国時代の情報戦から生まれた「すっぱ抜く」

隠しごとや秘密をあばくことを「すっぱ抜く」と言う。マスコミが、政財界や芸能人、有名人の秘密や裏情報、スキャンダルを不意に報じれば、「すっぱ抜いた」と話題になる。

「すっぱ抜く」は、現代的な言葉のように思えるが、じつは**戦国時代**まで遡る歴史のある言葉である。

戦国大名たちは、**「透波（すっぱ）」**と呼ばれる武士や商人を雇っていた。**透波は、敵の情報収集をするのが仕事で、のちの「忍者」のような武術集団である。**

うまく敵の秘密を手に入れれば、「透波抜いた」と言ったのである。

「透波」を使っていたことで知られる戦国大名の一人が、**武田信玄**である。信玄は、秘密裏に「透波」を使っていて、その存在は側近中の側近しか知らなかったという。メディアのない当時、「透波」がもたらす情報は、どんな些細なことでもたいへんな価値を持ったと言われる。

信玄の「透波」を参考にしたのが徳川家康で、家康はさらに優れた情報組織を作っていたと言われている。

041 なぜトランプを「切る」のか？

なぞなぞを一つ。「切っても切っても切れないものは？」

――答えは、「トランプ」である。

なぞなぞにもなるほど、**トランプを「切る」**というのは、不思議な表現である。英語でもトランプは「カット」ではなく「シャッフル」するという。トランプを「切る」というのは日本語独特の表現なのだ。

もともと、カルタなどの日本のカード遊びでは、カードを半分に分けるとき、**ふせたカードの上半分をとって「天と地に切る」と言っていた。**これが「天を切る」というようになり、やがて「天」も省略されて、カードを「切る」というようになった。

明治以降に広まった西洋のトランプでは、カードをしっかりシャッフルしなければいけなかったが、「切る」という表現がそのまま使われて定着したのである。

カルタや花札の山札を２つに分けることを「天と地に切る」と言った。

042 「ピンキリ」はポルトガル語だった？

「ピンからキリまで」とは、「最低から最高まで」「最小から最大まで」などを意味する。日常会話では略して、「値段はピンキリですね」などと使う。略語の「ピンキリ」が一般になったのは、戦後になってからと言われる。

その由来は室町時代、**南蛮貿易で西洋からもたらされた西洋カルタ（トランプ）だ。**西洋カルタは天正年間に流行し、「天正カルタ」と呼ばれた。この天正カルタは、4つのマークがあり、それぞれ1～12まであった。このとき、**1の札を「ピン」と呼び、12の札を「キリ」と呼んだ。**ここから、「ピンからキリまで」という言葉が生まれたのだ。

「ピン」は**「点」を意味するポルトガル語「pinta」**にちなむ。「キリ」は「十字架」を意味するポルトガル語「cruz」にちなむという説もあるが、十字架は「十」であって、「12」を指したとは考えにくい。**「限り」を意味する「切り（キリ）」**からきているという説のほうが納得がいくだろう。

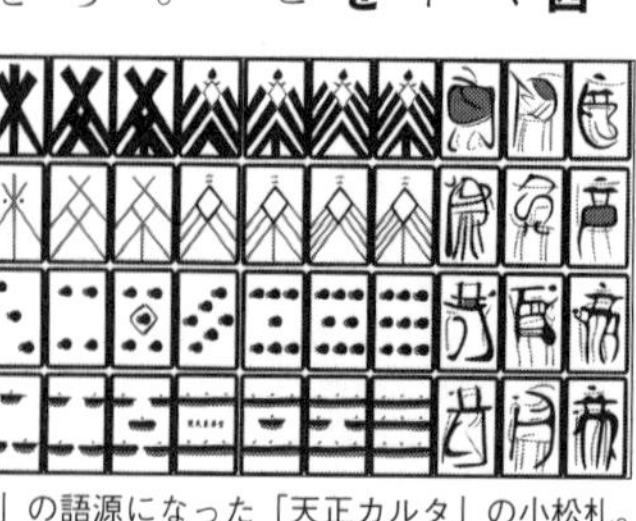

「ピンキリ」の語源になった「天正カルタ」の小松札。（©Outlookxp）

043 「旦那」はサンスクリット語由来の言葉

「旦那」とは、妻が夫のことを呼ぶときの敬称である。商人や役者、芸人がひいきしてくれるパトロンを呼ぶときにも用いられる。

この「旦那」の由来をたどると、**古代インドのサンスクリット語の「ダーナ」に行き着く。**「ダーナ」とは、「与える」「贈る」の意味だが、**仏教用語で、僧侶にあたえる「布施」や「ほどこし」の意味でも使われた。**これが中国では「旦那」と音訳されたのである。

やがて、「布施」と「旦那」は別の意味として使われるようになっていった。

「布施」は托鉢僧などへの少ない額のほどこしであるが、「旦那」は寺院を支えるような大きな額を寄付することを意味するようになった。**ここから寺院を支える富裕な有力者そのものを「旦那」と呼ぶようになった**のである。また、「旦那」から「檀那寺」という言葉も生まれた。檀那寺とは、檀家によって支えられている寺のことである。

寺院を支える「旦那」は、面倒を見る人、お金を出してくれる人ということから、パトロンにあたる人を呼ぶ敬称として一般にも広まっていった。

044

地名に由来する日本語は意外と多い？

日本語のなかには、地名がついた言い回しが結構ある。いくつか紹介しよう。

まず**「小田原評定」**。これは戦国時代の豊臣秀吉がしかけたある戦から生まれた。

天下統一に向けて着々と各地の大名を支配下に治めていった秀吉は、小田原の北条氏政に自分に従うように要求した。秀吉としても無駄な合戦はしたくはない。まずは様子をうかがった。

北条氏の選択肢は、降参して秀吉政権下の大名として生き延びるか、関東の有力大名の誇りにかけて徹底抗戦するかのどちらかだった。氏政は、城内で重臣たちを集めて軍議を開いて意見を聞いた。氏政は、良く言えば民主的だが、悪く言えば優柔不断。どちらとも決断できない。**意見が飛び交うばかりで、まとまらない。**

そうこうしているうちに、豊臣方の30万の大軍が小田原城を包囲し、結局、降伏に追い込まれた。北条氏は1万石の小大名として残されたが、氏政は責任を負わされ、切腹させられた。

ここから、**実りのない無駄な話し合いをすることを「小田原評定」と呼ぶ**ようになったのである。同じような例は海外にもあって、ナポレオン没落後のヨーロッパ秩序再建を話し合ったウィーン会議もまとまらず、「会議は踊る、されど進まず」と笑いものになった。

「あこぎ」という言葉も地名に由来する。これは、三重県津市の東方一帯の海岸**「阿漕ヶ浦（あこぎうら）」**からきている。

この一帯は漁が禁止されている。伊勢神宮に奉納する魚を穫るための海になっているからだ。ところが、この禁漁区で繰り返し魚を獲る若い漁師がいた。阿漕で悪さをするから**「阿漕」と呼ばれ非難された。**これが悪人を意味する「あこぎ」の由来になる。

実はこの若者、禁漁区で魚を穫っていたのは、病気の母に食べさせるためだった。しかし、罪が許されることはなく、若者は海に投げ込まれてしまった。「阿漕」の裏には、こんな悲しい伝説があったのである。

もう一つは**「いざ、鎌倉」**。これは、ただ鎌倉に行くという意味ではなく、**「さあ大変だ」という意味のかけ声**で、一大事に何はさておき、駆けつけるときに使う。

由来は、現在の群馬に住んでいた佐野源左衛門（さのげんざえもん）が、鎌倉幕府に一大事が起こったら、どこにいようと真っ先に駆けつけるという心意気をあらわした言葉にある。これは謡曲『鉢木（はちのき）』に記されている。

045 「手前味噌」とは全国味噌自慢のこと！

「手前味噌を並べる」とは、自慢することだ。自分で自分をほめることや身内をほめることを言う。

なぜこんな言葉が生まれたかというと、単純に、**自家製の味噌を並べて、味のよさを自慢し合ったことに由来する**らしい。

味噌は日本古来の調味料というイメージがあるが、もともとは7世紀ころに中国や朝鮮から入ってきたと考えられている。「醬（しょう／ひしお）」と言って、日本では「未醤（みしょう）」と言った。これが「みしょう」→「みしょ」→「みそ」と変化したと見られる。

味噌は、日本各地でいろいろな工夫が加えられ、中国の味噌とはまったく違った味になった。麹は米、麦、大豆によって異なるし、味は甘口から辛口まで食塩や麹の比率によって変わる。また色は、赤みそ、淡色みそ、白みそなど、熟成によっていろいろである。

いまでもそうだが、日本人は地元の味噌の味に慣れ親しんでいる。それは武士にとっても同じだった。**武士たちは他の国の武士に出会えば、自分の国の味噌自慢をするようになった。**ここから「手前味噌」と言うようになったのである。

046 「下駄を履く」「下駄を履かせる」の違いは？

下駄が一般に普及したのは江戸時代。そのころから、下駄を使った慣用句がいくつも生まれたと考えられる。

「下駄を履かせる」とは、数量や点数を加えて、じっさいよりも大きく見せること。先生がテストの点数が悪い生徒を、「下駄を履かせて及第させる」なんて使い方をする。

「下駄を預ける」は、下駄を預けると自由に動くことができなくなることから、一切を相手にゆだねることを言う。**「勝負は下駄を履くまでわからない」**とは、終わってみるまで結果がどうなるかわからないという意味だ。昔、決闘をするとき、下駄を脱いではじまり、下駄を履いて終わるという暗黙のルールがあった。下駄を履くまでは気が抜けないということである。下駄がほとんど使われなくなったいまでも、以上の慣用句は使われている。「下駄箱」もそのまま使われている。

一方で使われなくなった慣用句もある。江戸時代には**「下駄を履く」**という表現があった。「お使いのときに、代金をごまかして差額をせしめる」という意味である。しかし、こうしたシチュエーションはあまりないので、結果的に使われなくなってしまったということだ。

047 戸は「閉める」のではなく「立てる」ものだった

障子や襖（ふすま）、雨戸のことを「建具」というが、なぜ「たてぐ」というのか？　建具は、ドアならば引いたり押したりして、引き戸ならば横にスライドさせるものだ。ところが、近世までの建具はそれほど作りがよくなかった。スライド式の引き戸はあるにはあったが、うまくスライドしないものがほとんどだった。**いつもは戸を外してどこかに置いておいて、閉めるときに戸を立ててはめ込んだ。**

ということで、**かつては戸を閉めることを「立てる」と言ったのである。**戸が閉まることは「立つ」と言った。襖や障子は「立てる」ものだったので、「建具」という言葉になった。戸と同じように、門についても「立てる」と言った。

「人の口に戸は立てられぬ」という諺（ことわざ）があるが、これは「人の口の戸を閉めることはできない」ということで、世間の噂は防ぎようがないという意味になる。

馴染み深い障子も建具の一つである。（©663highland）

048 江戸時代の人も「まじ」を使っていた？

「まじヤバい」「まじかよ？」などの使い方をされる「まじ」。

この言葉はもともと80年代ころから若者言葉として広まったものだが、いまではプライベートな会話で比較的広く使われている印象がある。

「まじ」は、「真面目（まじめ）」からきていて、「まじめ」の最初の2音をとって「まじ」となった。だから「真面目」「真剣」「本気」「本当」などの意味で使われている。

ところで、歴史を遡ってみると、**江戸時代にすでに「まじ」という言葉があったことがわかっている。**それは、瞬きをしながらもじっと見入るさまを表す擬態語だったようで、「まじまじと見る」などという表現として残っている。

この「まじ」に「目」をつけたのが「真面目」である。「真面目」は当て字で、江戸時代に成立した言葉だった。

だから、「まじ」→「まじめ」→「まじ」と転じてきた面白い歴史がある。江戸時代の「まじ」がそのまま現代に受け継がれているわけではないが、「真面目」を介して、「まじ」が現代に復活したのである。

049 「八百長」「助平」「木阿弥」はすべて実在した

日本語のなかには、実在の人物のエピソードが由来となったものがたくさんある。しかも、たいして有名でもない人物の名前が、そのまま日本語の表現となって、いまも常用されているのだ。

たとえば、**「八百長」。**勝負ごとで、前もって示し合わせたとおりに勝負をつけることで、賭け事の対象となるスポーツの世界では、いまもたびたび問題となる。

この「八百長」という言葉ができたのは、明治のはじめごろ。ある八百屋さんで、長兵衛という名前の男がいた。八百屋の長兵衛で、「八百長さん」だ。

彼は、相撲の年寄・伊勢ノ海五太夫と囲碁を打つ仲となったが、本当は強いのに、わざと負けたりして、一勝一敗になるようにしていた。**これを見ていた力士たちが、土俵でインチキ勝負をするときに、「八百長」と言い出した**のである。当時は、相撲で八百長試合が多いとじっさいに問題になっていた。この伊勢ノ海部屋も注意を受けていたという。

「スケベ」の**「助平」**は、江戸の大店の番頭、助兵衛が由来となっている。

彼はたいへんな女好きで、吉原では有名だった。助兵衛は、次から次にいろいろな娘に手を出すから、**いろいろなことに手を出したがることを「助兵衛根性」と言うようになった。**また、みだらなことを好みそうなことを、「助兵衛ったらしい」と言うようになった。そして、「助兵衛」が「助平」に転じ、みだらなことを好むことを「助平」と言うようになったのである。

「元の木阿弥」は、戦国時代にさかのぼる。

大和国の大名・筒井順昭（つついじゅんしょう）が病死したとき、跡取り息子の順慶（じゅんけい）がまだ幼かったことから、その死を隠して、影武者を立てることにした。そこで選ばれたのが、順昭と声がそっくりな木阿弥という男だった。順昭は病気ということにして、木阿弥が寝床から声だけで外来者をうまくあざむいた。木阿弥にとっては、城のなかでは殿様扱いだから気分がよかった。

ところが、息子が成人すると、順昭の死が公表され、木阿弥はお払い箱に。もとの貧乏暮らしに戻ったのである。

ここから、**いったんよくなったものが、またもとの状態に戻ってしまうこと**を「元の木阿弥」と言うようになったのである。

050

江戸の劇場の楽屋から生まれた「茶番」

「茶番」「茶番劇」とは、**底の見え透いたへたな芝居のこと**だ。「茶番」の由来は、江戸時代のある遊びにある。もともと茶番とは、**劇場の楽屋でお茶の用意や接待をする地位の低い役者のこと**を言った。この茶番が、楽屋でユーモラスな寸劇をして、一座を笑わせ、さいごに景品として茶菓子を出すという余興をしていた。この余興のことを「茶番」と言うようになったのである。

茶番の遊びは人気になって、江戸後期に遊里や料亭などにも広まった。簡単な寸劇を即興でやるのを「茶番狂言」と言い、その場でいろいろな品物にちなんだ洒落を言って笑わせるのを「口上茶番」と言った。

茶番は、うまい芝居をする必要はないし、うまい落ちをつける必要もない。バカバカしくて、大笑いできればいいとされた。そんなことから、底の見え透いたへたな芝居を「茶番」と言うようになったのである。

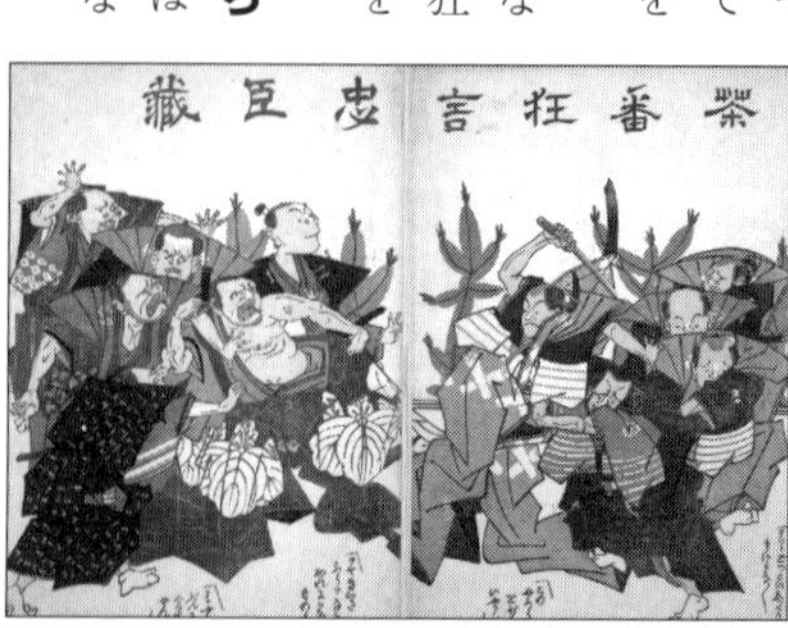

明治時代初期に描かれた錦絵『茶番狂言忠臣蔵』。

051 「鯖をよむ」の「さば」は魚のことではない

「鯖（さば）をよむ」とは、いい加減に数えて数をごまかすこと。よく使われるのは、年齢や体重をごまかすときで、「あの人は3歳鯖をよんでいる」などと言う。

漢字では魚の「鯖」と書く。このことから、魚のサバの数を数えるときにごまかしたことに由来するという説があるが、厳密には違うようである。

昔、**魚市場のことを「いさば」と言った。** 西日本では、生魚や干物の運搬に用いる船を「いさばぶね」と言った。

魚市場の「いさば」では、「ひとよ、ふたよ、みっちょう、よっちょう」という独特の数え方をする。これが**「いさばよみ」**である。

市場の人たちは、急いで「いさばよみ」をしながら、よく数をごまかして、不当に利益を得たという。そこから「いさばよみ」は「数をごまかすこと」を意味するようになった。

やがて「い」が抜けて、「さばよみ」「さばをよむ」となったのである。

ではなぜ、「鯖」の漢字がついているのか？　これはのちの当て字にすぎない。

052 「おいそれと」の「おい」と「それ」とは？

「おいそれと」は、基本的に否定表現で用いられる。「そんな急な依頼をおいそれと受けられない」「この案においそれと賛成するわけにはいかない」といった具合である。「おいそれと」は副詞で、「簡単に」「すぐに」という意味である。

語源を探ると、「おい」と「それ」に分けて考えられる。「おい」は、**人を呼びかけるときの「おい」**である。「それ」は「あれ・これ・それ」の指示代名詞だが、ここでは「おい」の呼びかけに応じる言葉で、感動詞になった「それ」である。**「それ行け！」などの「それ」**だ。

つまり、**「おい」と呼ばれると、すぐに「それ」と言って簡単に物事を引き受けることから「おいそれと」という言葉ができた。**

江戸の人々が使いはじめた「おいそれと」。物事を深く考えないで、簡単に引き受けてしまうことから、軽はずみな人間を「おいそれもの」と言った。二葉亭四迷の『浮雲』では、「お勢は根生（ねおい）（生まれつき）のおいそれものなれば」といった使われ方がされている。また、軽はずみな娘を「おいそれおとめ」と言ったという。

053 「土がつく」のルールは江戸の大相撲から

「土がつく」や「押しが強い」などの言葉は、相撲から生まれている。

相撲は古来の宮廷の行事（相撲節会（すまいのせちえ））で、**もともとは土俵がなく、いかにきれいな投げ技を見せるかという競技だった。**それが室町のころに宮廷を離れ、相撲興行を行う力士集団が各地の社寺などをまわって神事として行うようになった。やがて江戸の大相撲として発展する。

相撲を一般に向けて興行として行うには、わかりやすい勝ち負けのルールが必要である。そこで土俵をつくった。**「土俵をわったり、土についたら負け」という明快なルールを設けた**のである。ここから、勝負に負けることを「土がつく」と言うようになった。

また、土俵ができたことで、それまでの投げ技の応酬から、押し合いの取り組みが増えた。ここから「押しが強い」という表現が生まれたのである。

江戸後期に描かれた『勧進大相撲之図』。（二代目豊国、二代目一陽斎豊国・画）

054 「油を売る」商人は怠けていたわけではない

無駄話をして時間を浪費することや、仕事の途中で人目を盗んで怠けることを「油を売る」という。「キミ、締切が近いんだから、油を売っている暇はないよ」などという。

しかし、なぜ油を売ることが怠けることになるのか？　江戸時代、客の家を訪問して髪油（行灯の油という説もあり）を売り歩く商人がいた。**彼らはよく訪問先の婦女を相手に長々と世間話をしながら商売をしていた。ここから、「油を売る＝怠ける」と解されるようになった**という。商人にしてみれば、世間話も販売テクニックの一つで、怠けているつもりはなかったのだろうが、端から見れば怠けているように見えたのだろう。このあたりは現代の営業マンに通じるものがある。

ただ、油売りの商人にとってみるとどうしても世間話でもしなければならない事情があったようだ。なぜなら、ねっとりした油を一回いっかい柄杓で客の器に移すには相当な時間がかかったのである。

当時の油売りの様子。（『日本風俗図絵　第２輯』）

055 江戸の井原西鶴が広めた「胸算用」

「胸算用（むなざんよう）」とは、事前に心のなかでざっと損得を計算することである。「利益は大きいと胸算用する」などという。

「胸算用」の「算用」とは、数や量を計算すること。元来は「胸算用」といえば、計算のなかでも暗算のことを意味した。**暗算は、心（胸）のなかでそろばんをはじく**からだ。

江戸時代に井原西鶴が書いた浮世草子に『世間胸算用』（副題「大晦日は一日千金」）というものがある。大晦日に起きる貸し手と借り手の駆け引きを描いた作品で、そのなかには、代金の取り立てにきた人々のまえで、激しい夫婦喧嘩を演じて追い返した家族の話などがある。これが評判となって「胸算用」という言葉が一般に広まった。

「胸算用」に似た言葉に「皮算用（捕らぬ狸の皮算用）」がある。まだ狸を捕えていないうちから、狸の皮がいくらで売れるのかを計算することから生まれた表現で、不確かなものをあてにしてあれこれ計画をたてることだ。「儲けぬ前の胸算用」というと「皮算用」と同じ意味になる。

056 「な-なしゆび」とはどの指のこと?

指の名前は、それぞれいろいろな変遷をたどってきている。「親指」は、もともとは「おほゆび（大指）」と言ったが、江戸時代から「親指」となった。「親指」と「小（子）指」で親子ペアと考えられたのだろう。「中指」は、中世から近世にかけて、「丈高指（たけたかゆび）」や「高高指（たかたかゆび）」と呼ばれていた。

問題は「薬指」だ。奈良時代から鎌倉時代にかけては、**「ななしゆび」**という言い方をされていた。**「名前が無い指」**だからで、中国の「無名指」から来ている。その後は**「くすしゆび」**。医者を意味する「くすし（薬師）」や治療を意味する「くすす」に由来。この指で薬を塗ることをイメージさせる。さらに、室町末期から明治にかけては**「べにさしゆび」**と呼ばれた。こちらは化粧品の「紅」をつける指という意味だ。そしてまた「くすしゆび」に近い「薬指」になったのである。

薬指を使って紅をさす女性。（「赤蔦屋林山」鳥高斎栄昌・画、ボストン美術館所蔵）

057 「けんもほろろ」は雉の鳴き声だった

「けんもほろろ」とは、人の相談などを無愛想に断り、とりつくしまもないことで、「けんもほろろに断られた」などという。

この不思議な響きの「けんもほろろ」の由来はなにか？

「けん」は、愛想のないことを意味する「けんどん（慳貪）」（「つっけんどん」の「けんどん」）の「けん」や、荒々しくしかることを意味する「けんつく（剣突）」の「けん」に由来するという説がある。**また、つっけんどんにものを言うことを意味する「けんけんする」と雉の鳴き声「けんけん（ケーンケーン）」を掛けて「けん」になったとする説もある。**

「ほろろ」は、雉の鳴き声である。雉などの鳥が羽を打つ音を「ほろろ（ほろほろ）」と言ったことから、これも雉の鳴き声とされた。

結局、雉の鳴き声に関する言葉を語呂よくあわせてできた言葉が「けんもほろろ」というわけだ。その雉の鳴き声は、どうも無愛想に聞こえる。ということで、「とりつくしまもない」という意味になったとされる。

058 「和服」「郵便」「魚屋」… 意外と新しい言葉

普段使っている日本語のなかには、昔から使われていたようで、じつは意外と新しい言葉がある。

たとえば**「和服」**という言葉は、着物を着てきた日本では当然、昔からあったように思えるが、最近までこんな言葉はなかった。明治・大正時代にかけて西洋文明が流入し、**洋服が日常着として一般化したときに、洋服に対して「和服」という言葉が生まれた**のである。これは昭和に入ってからのことだ。

昔から日本列島を襲っていた**「台風」**というのも、じつは新しい言葉だ。台風は、古くは「野分(のわ)き」と呼ばれていて、気象用語では「颶風(ぐふう)」などと呼ばれていた。それが、**1906(明治39)年、中央気象台長の岡田武松(たけまつ)博士がはじめて「颱風(たいふう)」と記録した。**それが戦後の当用漢字で「台風」となったのである。

「台風」の語源は何かというと、中国の福建省や台湾で「大風(タイフーン)」と呼んでいたものが、英語の「typhoon(タイフーン)」となり、それがアジアに戻ってきて、「颱風」という当て字を使ったという説がある。

「郵便」は、1870(明治3)年につくられた言葉だ。日本の近代郵便制度の創始者・前島密が考えたものである。前島は漢字廃止論者としても重要な人物である（P21参照）。昔から飛脚など郵便のネットワークはあったが、「郵便」という言葉そのものは新しい。

もう一つ意外なところでは、**「魚屋（さかなや）」**がある。「魚屋」を「さかなや」と言うようになったのは明治末期以降のことで、それまでは「うおや」と言っていた。

もともと「魚」の文字は「イオ」「ウオ」と読むだけで、「さかな」とは読まなかった。

それが、酒を飲むときに添える食べ物を「酒菜（さかな）」（「な」はおかずのこと）と言って、そのなかには魚が好まれていたことから、魚のことも「さかな」と言うようになったのである。そこから、「魚屋」も「さかなや」と呼ぶようになった。

「郵便」という言葉を生み出した前島密。

059 「青田買い」から生まれた流行語「青田刈り」

「青田買い」とは、米の収穫前に青田の段階で先に買い付けておくことを言う。

青田買いをしておけば、多少のリスクはあるが稲穂が実ったときに、一定量の米を手にすることができる。一方、農家からすれば「青田売り」になり、少し安くても早めに確実に収入を得ることができるメリットがあった。

この「青田買い・青田売り」は、かつては一般に行われていたことで、馴染みがあった。ところが、いまではどちらかというと**「青田刈り」**という言葉のほうが馴染みがあるのではないか？　「青田刈り」は、田んぼで青いままの稲を早めに刈り入れることが連想されるが、**人手不足に悩む企業が早めに学生を採用するという意味で用いられている。**

この「青田刈り」は、**昭和の新語**だ。1962（昭和37）年、入社試験は10月1日以降とする取り決めがあったが、それが取っ払われて、公然と学生の早期採用が行われた。『週刊朝日』がその様子を「青田刈り」と表現し、その年の流行語になった。それが世間に浸透し、現在も使われ続けているのである。

060 「たにんごと」と「ひとごと」どっちが正しい？

「他人事」は、何と読むだろうか？

「たにんごと」と「ひとごと」の二通りに分かれると思うが、これは**どちらも間違いではない。**

ただ、**由来から言うと、「ひとごと」が正しい。**国語辞書を引いても、だいたいどちらも出ていて、「他人事」と書かれている。もともと「ひとごと」という言葉があって、その当て字として「他人事」を使ったのである。だから「他人様」は「たにんさま」ではなく「ひとさま」と読む。

ではなぜ「他人事」が「ひとごと」で定着しなかったのか？

漢字から見ると、「他人」と「事」の組み合わせだから、「たにんごと」と読んでも間違いとは言い切れない。**「ひとごと」がきちんと定着する前に、「たにんごと」と読む人が増えすぎてしまい、しかもそれでも意味が通るようになってしまった**ということだろう。

ただ、もともとは「ひとごと」だったとわかれば、もう「たにんごと」と言いたくはない。新聞社や通信社、放送局などの多くは、「ひとごと」「ひと事」を採用している。

061 「やばい」は犯罪者の隠語だった

「やばい、先生きた！」

「この料理、ちょーやばくない？」

若者だけでなく一般の日常会話にも使われるようになった「やばい」。本来は「危険だ」というマイナスの意味だが、そこから派生して、「最高だ」「すごくいい」「かわいい」というプラスの意味でも使われている。

「やばい」というのは、もともとは犯罪者たちの隠語だった。 隠語とは、ある集団独自の言葉のこと。仲間どうしで秘密裏に意思疎通を行うために用いられる言葉である。

「やばい」の「やば」は**名詞で「刑事・巡査・探偵・看守」のこと。** これに「い」がついて「やばい」と形容詞化した。犯罪者たちは「刑事」が来れば、「やばい」と言って逃げていたのだろう。

犯罪者が使っていた「やばい」を、いまや一般の人がほめ言葉として使っている。

強度のマイナスの言葉は、強度のプラスの言葉に転じることがある。 たとえば、英語の「Cool（クール）」は「冷たい」という意味だが、「すばらしい」「かっこいい」という意味でも使われている。

同じような例は、日本の古典語にもある。「ゆゆし」という形容詞だ。「ゆゆし」は神聖なものにふれてはいけないという禁忌の「斎(ゆ)」が形容詞化したもので、「畏れ多い」「忌わしい」「不吉だ」というマイナスの意味をもっている。

それが中世以降は、「すばらしい」「立派だ」というプラスの意味でも使われるようになった。たとえば『徒然草』にはこうある。

「徒人(ただびと)も、舎人(とねり)など賜る際(きは)はゆゆしと見ゆ」（ふつうの貴族でも、随身などを朝廷からいただくような身分の人は、すばらしいと思われる）

たんに「すばらしい」というのではなく、「畏れ多いほどにすばらしい」という語源の意味も残しているのがいいところだろう。

062 なぜ「株式会社」と言うのか？

「株式会社」という欧米流の会社経営が日本ではじまったのは、明治維新以降のことである。出資者が会社に対してもつ権利を「株式」として、株式の形で集めた資金を運用して営利活動を行うのが株式会社である。英語では「資本金を均等に分割する」という意味で「share of stock」というが、これを日本語では「株式」と言った。なぜ「株式」となったのか？

「株」とは、もともとは根っこでひとまとまりになった草木のことを指す。ここから、**草木の株のようにまとまった商工業者の仲間のことを「株仲間」と言った。**たとえば、江戸の酒屋たちは、自分たちの組合を作って株仲間となり、新たに酒屋を開くには酒屋の株を必要とした。株仲間は、こうして同業者の利権を守ろうとしたのである。

また、世襲などによって継続的に保持される地位や身分も「株」と言い、**「年寄株」**などの用法も生まれた。「株」は取引の対象ともなった。いまでも日本相撲協会に残るために必要な資格は「年寄株」と言う。

会社の仕組みは、まさにこうした「株」の考え方に合致したことから「株式会社」という言葉が生まれたのである。

063 「芋づる式」の「芋」は薩摩藩のこと

「芋づる式に共犯者が逮捕された」などと言うときの「芋づる式」。一本の蔓（つる）をたぐると、次々と芋が連なって出てくることにたとえて、一つのことをきっかけに、関連のある人やモノが次々と明らかになることを意味する。古い言葉のように思えるが、じつは明治以降にできた比較的新しい言葉だ。

明治新政府というのは、**その中枢のほとんどが薩摩と長州の旧藩士によって掌握されていた。**いわゆる藩閥政治である。薩摩といえば、大久保利通や西郷隆盛。長州といえば、木戸孝允（たかよし）や伊藤博文である。こんな実力者がいるおかげで、官僚でも軍人でも薩長出身者は出世に有利だったと言われる。

出世した人をたどってみると、蔓でつながっているかのように、ことごとく薩摩出身者である。あるいは、大久保利通や西郷隆盛とのつてがあった。

そんなことから、薩摩特産のサツマイモの蔓にひっかけて、「芋づる式」と言われるようになったのだ。

薩摩出身・大久保利通。

064 シベリア抑留の収容所で起きた「つるしあげ」

第二次世界大戦直後のシベリア抑留から生まれた恐ろしい言葉に**「つるしあげ」**がある。「つるしあげ」とは、大勢でよってたかって少数の者をきびしく責め立てることだ。

旧ソ連が日本人を極寒のシベリア各地に連行し、森林伐採や鉄道建設などの重労働で酷使したシベリア抑留。厚生労働省の推定では、抑留者数は約56万人にのぼり、約5万3000人が亡くなったとされている。

このシベリア抑留者の収容所内では、民主運動が進められていた。ソ連当局が任命した若い日本人が指導者となり、徹底的な思想教育が行われた。具体的には、旧日本軍で要職に就いていた者たちの軍国主義を否定し、ソ連の共産主義の考え方を叩き込んだのである。**この民主運動に反発する者は許されず、大勢でよってたかって激しく糾弾した**という。これを「つるしあげ」と言ったのである。

1956年までに抑留者の引き揚げが完了するが、しかしこんどは、日本に復帰した彼らを通して、「つるしあげ」の文化が日本企業に浸透した。数の力を持つ組合員などが会社幹部につめより威圧する「つるしあげ」がしばしば起きたのである。

065 アッツ島の戦い、「全滅」を「玉砕」と発表する

「玉砕（ぎょくさい）」とは、太平洋戦争中にはじめて用いられた言葉だ。

1943年5月、アリューシャン列島・アッツ島で日米両軍が激突した。山崎保代（やすよ）大佐率いる日本の守備隊は約2500人。彼らは、米軍の激しい攻撃にさらされながらも抵抗をつづけた。しかし、補給路をたたれ、大砲も食糧も尽きた。援軍もなく、万事休すである。さいごに残った300人ほどの兵は、山崎大佐を先頭に捨て身の突撃をし、全滅した。

大本営は、このアッツ島の戦いの悲劇を「玉砕」という言葉で発表した。玉が美しく砕けるようにいさぎよく死んだと美化して伝えたのである。そこには「全滅」というネガティブなイメージを避けようとした意図もあっただろう。「玉砕」という言葉は、中国の唐代の史書（『北斉書（ほくせいしょ）』）に見られる漢語だ。「無事に生き延びるより、潔く死ぬべし」という考えにもとづく言葉として使われている。

大本営の玉砕発表以降、この言葉は日本語に定着した。戦争の最終局面には、ついには「一億玉砕」などというスローガンが飛び出す。

いまでは「好きな人に告白して玉砕した」など、試みが失敗したときなどに使われるが、あまり軽々しく使えない言葉である。

止於孝
時不勤学
麒麟

第三章　意外と知らない日本語の成り立ち

066 「ひらがな」「カタカナ」は漢字から生まれた

古代、日本語には書き文字がなかった（P102参照）。そこで、中国から取り入れた漢字で代用した。ただそのままでは使えないので、漢字の音読み・訓読みを利用して日本語の音を書き表す**「万葉仮名」**という仕組みをつくった。

しかし、「万葉仮名」は「仮名」と言ってもあくまでも漢字である（P110参照）。ひらがなやカタカナはどこからどうやって生まれたのか？

じつは、**ひらがなとカタカナは漢字から生まれている。**日本独自の書き文字であるこの2つの仮名は、漢字の発展形なのだ。漢字を崩して早く書くと「草書体」になる。万葉仮名を草書体で書いたものを「草仮名（そうがな）」という。**草仮名をさらに崩してデフォルメしてできたものが「ひらがな（平仮名）」**である。

たとえば、「安」から「あ」、「以」から「い」、「宇」から「う」が生まれたとされる。が、いまでは**どの漢字からどのひらがなが生まれたのかは、正確にはわかっていない。**現存するひらがなで書かれた最古の日記に紀貫之の『土佐日記』（P98参照）がある。これは935年ころに書かれたとされるが、ひらがなの成立はそれよりも少し早い時期だったと考えられている。

一方、**「カタカナ」は漢字の一部から作られた。**漢字の一部だからカタカナは直線的だ。たとえば、「阿」の「こざとへん」部分から「ア」、「伊」の「にんべん」部分から「イ」、「宇」の「うかんむり」部分から「ウ」ができた。「介」全体から「ケ」、「千」全体から「チ」ができたという例もある。しかし、どの漢字からどのカタカナができたのかは、こちらも正確にはわかっていない。

カタカナの特殊なところは、**もともと漢文を読むときの訓点（ヲコト点、返り点、送りがな）として生まれた**ことだろう。奈良の東大寺の学僧たちが、漢文の経典を読むために、万葉仮名から簡略化してつくったと考えられている。だからカタカナは、あくまでも漢文を読むためのツールであり、漢文とセットで使うことが前提だった。

訓点が施された史料で見つかっている最古のものが、828（天長5）年の『成実論（じょうじつろん）』で、それ以前のものは見つかっていない。

いずれにしろ、**カタカナはひらがなの成立よりは早かった**と考えられる。

片假名原字（カタカナモトジ）

伊イ	止ト	和ワ	門ツ	圍ヰ	筆ケ	散サ	惠ヱ
呂ロ	知チ	加カ	祢ネ	乃ノ	不フ	祇キ	比ヒ
半ハ	利リ	與ヨ	奈ナ	於オ	已コ	由ユ	毛モ
仁ニ	奴ヌ	多タ	良ラ	久ク	江エ	妹メ	世セ
保ホ	流ル	礼レ	牟ム	也ヤ	天テ	美ミ	須ス
遍ヘ	乎ヲ	曽ソ	宇ウ	万マ	安ア	之シ	

1886年発行の『現今児童重宝記：開化実益』に掲載された、カタカナの元になった漢字。

067

「仮名」とは「いつわりの文字」のこと？

なぜ、「かな（仮名）」というのか？

「仮名」とは、日本人が勝手に漢字からつくったもの。漢字の意味や発音を捨て去り、見た目を変化させた。だから**「見せかけ」「ほんとうのものではない」「いつわりの」という意味で「仮名」と呼ばれた。**

もともとは、「かりな」と言った。それが「かりな」→「かむな」→「かんな」→「かな」と変化したと考えられる。

「仮名」に対して、漢字のことは**「真名（まな）」**と呼ぶ。真名とは、「ほんとうのもの」ということだ。**漢字こそが正しい文字とされていたのだ。**

「片仮名（カタカナ）」の「片」は、**「完全ではない」「断片」**という意味があるとされる。漢字の一部からつくったことが「片」の字にこめられている。

それに対して「平仮名」とは、16世紀以降につけられた呼び方で、片仮名と区別して「ふつうの仮名」という意味でつけられた。

068 外来語はなぜカタカナで書くのか？

カタカナは、漢文を読むときの訓点としてつくられた。漢文という外国語を読むための補助的なツールとして発生した。

「片仮名」の「片」には、**なにかしら「しっくりしない」という意味もある。**つまり、日本のものとは認められないものをあらわすときに、カタカナは適しているのである。

そのためか、カタカナは外国から入ってきた新しい言葉をあらわすときに使われるようになった。

16世紀ころに入ってきたポルトガルの言葉である「てんぷら」「じゅばん」は、**万葉仮名の方式で「天麩羅」「襦袢」と漢字の当て字で書かれ、その横に「テンプラ」「ジュバン」と読み方がつけられた。**それがやがて日本語に浸透すると、ひらがなで書かれるようになった。同じく、「タバコ」や「カッパ」「カボチャ」「ジャガイモ」はすべて外来語だが、徐々に浸透して日本語として定着する過程で、「たばこ（煙草）」「かっぱ（合羽）」「かぼちゃ（南瓜）」「じゃがいも」とひらがなで書かれるようになった。

いまでも外国から入った言葉はカタカナで書く。いったんカタカナにしておいて、時間をかけて馴染ませてから日本語になっていくのだ。

069 『土佐日記』はほとんどひらがなで書かれている

現存する最古の日記文学が、ひらがなで書かれた**『土佐日記』**である。作者は紀貫之。935（承平5）年ころに書かれたとされる。

現在の日本語の書き方は**「漢字仮名交じり文」**というもので、漢字とひらがな（またはカタカナ）を交ぜて使う。漢字とひらがなの書き分けに決まりはないが、名詞は漢字で助詞・助動詞はひらがななど、だいたいの用法は確立している。

では、この漢字仮名交じり文がはじめから確立していたかというと、そうではない。なぜなら、**『土佐日記』を見ると、ほとんどがひらがなで書かれている**からだ。紀貫之の自筆本というのは残っていないが、かなり忠実に書写したとされる藤原為家の写本を見ると、ひたすらひらがなだけで書かれている。漢字が使われているのは、「日」「子」「人」などのほんのいくつかだけだ。

ほとんどひらがなだが、漢字も使っている。ここからわかることは、**ひらがなで日本語を文字化するとき、完全に漢字を捨てることはなかった**ということ。「ひらがなだけで」という発想ではなく、はじめから漢字とひらがなのバランスを模索していたのである。

070 「ひらがな」は女性的というのは本当？

漢字は直線的で男性的で、ひらがなは優美でやわらかく女性的というイメージがある。じっさい、**平安時代には、漢字は男性のもの、ひらがなは女性のものと区別されていた。**

平安時代、貴族階級の男性は、公用文や日記などは、漢文で書くことが当たり前だった。漢文は当時のいわゆる外国語である。いまでいえば公務員が外国語で書くようなものだった。

このことから**「漢字（真名）」は「男手（おとこで）」とも呼ばれていた**のだ。漢文は男のもの。女性は男性が書いた漢文を読むことさえしてはいけないとされていた。

一方、当時広まりはじめたひらがなは女性が使うものとされていた。ここからひらがなは**「女手（おんなで）」**とも言われた。

ひらがなは女性のものとされたせいか、ほとんどひらがなで書かれた『土佐日記』は、男性の紀貫之が女性のふりをして書いているのである。男性も目的によってはひらがなを用いていたようで、恋人あての和歌などを書くときはひらがなを用いたようである。日本最古の物語とされる『竹取物語』もひらがなで書かれているが、作者は男性と推定されている。

071 遣唐使の廃止で、ひらがながな定着した？

日本語独自の書き文字である「ひらがな」が浸透した背景には、**遣唐使の廃止**があったと言われる。

聖徳太子が没して8年後の630年からはじまった遣唐使の派遣は、飛鳥、奈良、平安という時代を通してつづけられた。当時、世界最高レベルの学問と文化が集まっていた唐の都・長安から、仏教思想をはじめとする多くの学問や国家運営のノウハウを学び、それが日本という国をつくりあげるのに役立った。

奈良には長安をまねた平城京をつくり、国家鎮護のため全国に国分寺・国分尼寺をたてて、情報網をはりめぐらせた。こうした政策のほとんどは唐にならったものである。

ところが、**894年、政治家で学者だった菅原道真の建議によって、260年以上つづいた遣唐使が廃止となった。**道真はなぜ廃止にしたのか？

道真は、自分自身が遣唐大使に選ばれていたから、唐までの危険な旅路を恐れたとも言われる。しかしそうではなく、道真は唐が混乱して衰退しているという内情をキャッチし、滅亡の運命を見通していたという説がある。じっさい、それから10年ほどで唐は滅亡するのである。

また、歴史書を編纂して日本の発展を見ていた道真にしてみると、唐という国から学べるものはほぼ学びとった、という考えがあったのかもしれない。

さて、**遣唐使の廃止によって、日本は唐風文化を吸収する時代から国風文化を醸成する時代にうつった。「仮名」は「いつわりの文字」という漢字の付属的な位置づけから脱し、日本語の理想的な書き文字として確立していく。**

ここから、日本語の発達にとって重要な『伊勢物語』『古今和歌集』『土佐日記』など、中国の影響を感じさせない日本語の書物が成立していくのである。

さらには、平安文化が花開き、宮廷に出入りする女性たちのあいだで教養が深まった。そこには「ひらがな」の存在があって、日記を書いたり、和歌を詠んだり、さらには優れた女流文学まで生まれるのである。その発展の極致が、世界に誇る小説『源氏物語』なのである。

遣唐使の廃止を提言した菅原道真。いろは歌に暗号を残した人物とも言われる。（P 28 参照）

072

日本固有の「大和言葉」には書き文字がなかった

漢字や外来語が伝わる前、古代の日本人が話していた日本固有の言葉を**「大和言葉（和語）」**と言う。大和言葉は話し言葉であって、書き言葉はなかった。意外かもしれないが、**日本にはその昔、書き言葉というのがなかった**のだ。

日本に最初に伝わった書き言葉が**「漢字」**である。中国から伝わった漢字によってはじめて日本語は書き言葉を手に入れたのである。

では、漢字がいつごろ日本に伝わったのかというと、正確にはわかっていないが、**2世紀～5世紀にかけて徐々にもたらされたと考えられている。**『日本書紀』の記述では、応神天皇の時代（4世紀末～5世紀初ころ）に伝わったとされる。もっとも古いところでは、2世紀中頃の遺品に漢字らしきものが確認されている。

日本人は、漢字が伝来してから、漢字を日本語に合わせて日本式にアレンジしていった。ただ中国の漢文をそのまま吸収するのではなく、漢字の音や意味を巧妙に駆使して、日本語を自然に書き記す術を見出していったのだ。

その成果が、国家づくりの基盤となる公文である『十七条憲法』（604）や『大宝律令』（701）であり、日本の太古の歴史や神話を伝える『古事記』『日本書紀』であり、日本の最古の和歌集である『万葉集』である。

国語史のうえでは、こうした文献が残っている飛鳥時代から奈良時代にかけての日本語を「上代語」と呼んでいる。**文献が伝える上代語からは、当時の大和地方の貴族が使っていた言葉のほか、『万葉集』などからは東国の方言などもわかるのだ。**

ちなみに、この時代に成立した**日本式の漢文（漢文訓読体）**は、中国や朝鮮半島との交流のために欠かせないもので、外交の公文書の書式として用いられていた。そして驚きなのは、第二次世界大戦が終わるまでこの漢文が、日本語の公文書の正式な書式として用いられていたことである。

073

『古事記』には「ん」がなかった!?

〈ひらがな〉の一覧表の最後には「ん」がある。しかしじつは、日本語にはもともと「ん」が存在していなかった可能性がある。

奈良時代にまとめられた『古事記』『日本書紀』『万葉集』などは万葉仮名（P110参照）で書かれているが、**そこには「ん」にあたる文字が一つもない。**古代の日本語には「ん」がなかったのだろうか？

現代の「ん」にあたる音自体はあったようである。ただ、それを書き表す文字がなかった。

奈良時代や平安時代初期には、「ん」にあたる文字がなかったので、現代のカタカナの「イ」や「ニ」にあたる漢字であらわした。1079（承暦3）年に書かれた『金光明最勝王経音義』（「いろは歌」を書き写した最古の文献、P114参照）の巻頭には、「レ」や「ヽ」が「ん」にあたる記号であるという注意書きが記されている。このほかにも**「ん」をあらわす記号はあったようだが、いずれも定着することなく消えた。**

万葉仮名から「ひらがな」「カタカナ」が生まれるのは10世紀前半のころ。ひらがなで書かれた『土佐日記』の成立は935（承平5）年。しかしそこには「ん」がまだ記されていない。ただ、これは「ん」の記号がなかったのではなく、あえて「ん」という文字を書かなかった可能性もある。たとえば、「あらざなり」と書いて「あらざんなり」と読ませていたりするからだ。

なぜ「ん」を書かなかったかというと、**当時、「ん」は下品なものとされていたからだ。**和歌などではあえて「ん」を省いて書いていた。

さて、**カタカナの「ン」という表記のある最古の文献は、平安末期の1058（康平元）年の写本『法華経』（龍光院所蔵）である。**「レ」と区別して「ン」が作られたようで、1100年ころから普及していったようである。

そして、**ひらがなの「ん」の初出は、1120（元永3）年に書写された元永本『古今和歌集』である。**ただ、「ん」が現在の「ン」の音だったのかは不明である。「ン」にもいくつかの音があったようで、「ん」の使用が増えるにつれて徐々に現在の「ン」の音に近づいていったと考えられている。

074

日本語に影響を与えた漢訳版サンスクリット語

日本語の発展の裏には、サンスクリット語の影響があったと言われている。

古代インドでまとめられた仏教の経典は、サンスクリット語で書かれていた。これがはじめて中国語に漢訳されたのは4~5世紀ころで、鳩摩羅什（くまらじゅう）やその弟子の慧遠（えおん）などが活躍したと言われている。

彼らはどうやって漢訳したのかというと、**サンスクリット語の音にそのまま漢字をあてはめていった。**たとえば、「マカ」は「摩訶」、「パーニャ」には「般若」をあてはめる。しかもそれぞれの漢字は意味をもっていて、「摩訶」は「大いなる・偉大な」、「般若」は「最高の知恵」を意味した。

日本にも、この鳩摩羅什らが手がけた漢訳版の仏教経典がもたらされた。漢字のもつ意味とともに、サンスクリット語の音を同時に伝える言語システムに、当時の日本人は感嘆したはずだ。そして、**日本語を漢字であらわすとき、このシステムにヒントを得た可能性がある。**なぜなら、日本語の音に漢字をあてていく万葉仮名の考え方は、サンスクリット語の音に漢字をあてていった考え方とまったく同じだからだ。

075

「国字」が生まれたのは則天武后のおかげ？

日本人は「ひらがな」「カタカナ」を生み出しただけではなく、**勝手に新しい漢字もつくった。**「畑」「峠」「凩（こがらし）」などの漢字は、日本オリジナルの漢字。これを**「国字」**と言う。中国人に見せてもおそらく読めないだろう。

この国字が生まれる背景には、中国史上唯一の女帝・**則天武后（そくてんぶこう）**の存在がある。

６９０年に即位した則天武后は専制的な恐怖政治を行ったことで知られる。唐から周に国号を変えたり、洛陽を神都と改名したり、独断的にふるまった。そんな独断的なふるまいの一つが、**「則天文字」**だ。**彼女は自分で勝手に新しく漢字をつくったのである。**

則天文字には、「囝（月）」や「埊（地）」などがある。日本でも有名なのは**「圀」**だろう。水戸光圀（みつくに）の「圀」である。これは八方すべてを国として治めるという意味でつくられた。

このように独自に漢字をつくるという発想が日本に伝わり、日本オリジナルの「国字」が生まれたという見方がある。

中国三大悪女の一人、則天武后。

076 大和言葉のハ行は「パピプペポ」だった？

奈良時代以前の日本語の発音は、現代の日本語とはちょっと違っていたようだ。

その代表的な例が、**ハ行の発音。** 当時は、「ハ・ヒ・フ・ヘ・ホ」ではなく、**「パ・ピ・プ・ペ・ポ」と言っていた。** この説は、明治時代にバジル・ホール・チェンバレンや上田万年（かずとし）が唱えたものである。

たとえば、**「はな（花・鼻）」は「パナ」、「ひかる（光る）」は「ピカル」、「ひばり」は「ピバリ」と発音する。** 当時の中央の発音は琉球方言に残っていることがあるが、沖縄ではいまも「パナ（花）」と言うことがあることから、この説の信憑性を高めている。

平安時代になると、「パ・ピ・プ・ペ・ポ」は「ファ・フィ・フ・フェ・フォ」に変化したと見られる。さらに江戸時代になって現在の「ハ・ヒ・フ・ヘ・ホ」になった。

なぜこんな変化が起きたのか？　「パ」や「ファ」は両唇を一度あわせないといけないが、「ハ」は両唇をあわせる必要はない。発音というのは、唇の動きをより簡単にする方向に変化しているのである。

077 『万葉集』はどんな文字で書かれている？

『万葉集』ができたのは8世紀、奈良時代末期のころだ。

このころ、中国から入ってきた漢字を日本語スタイルに適応させる作業は進んでいたが、まだひらがなはできていない。では、『万葉集』はどんな文字で書かれていたかというと、すべて漢字で書かれていた。**『万葉集』には、ひらがなやカタカナは1字も入っていないのだ。**

『万葉集』にはこんな歌がある。

「石見(いわみ)のや高角山(たかつのやま)の木(こ)の間(ま)より我(わ)が振(ふ)る袖(そで)を妹見(いもみ)つらむか」

これは柿本人麻呂(かきもとのひとまろ)の歌で、「石見の国（現在の島根県）の高角山の木の間から、私が振る袖を、妻は見ただろうか」という意味だ。私たちはこのようなひらがな交じりの歌を見慣れているが、本来は漢字だけで、

「石見乃也　高角山之　木際従　我振袖乎　妹見都良武香」

と書かれていた。『万葉集』は、見た目はただの漢文だったのである。

ちなみに、漢字に読み方を示すカタカナを入れた『万葉集』の写本があるが、あれは後代の人がつけたものにすぎない。

078 万葉仮名は「ひらがな」ではない

前述のように、奈良時代以前の日本では、天皇が出す詔勅（しょうちょく）から『古事記』『日本書紀』『万葉集』まで、日本語はすべて漢字によって書きあらわされていた。

では、その方法はどうなっていたのか、簡単に説明しよう。

まず、いまの私たちが使っている「音読み」「訓読み」と同じ用法がある。たとえば、「犬」という漢字は、中国語の発音をほぼそのまま使って「ケン」と音読みする。それと同時に、漢字の「犬」が意味するのは動物の「イヌ」のことなので、「いぬ」と訓読みもする。

これとは別に、**漢字の意味をまったく無視して、漢字の音読みや訓読みの音だけを使うこともある。** たとえば、「きみ」は「枝美（きみ）・枝見（きみ）」、「うぐいす」は「宇具比須（うぐひす）」、「ああ」は「嗚呼（ああ）」、「なつかし」は「夏樫（なつかし）」と書くのだ。

これは漢字がもつ意味を無視して、音だけを使う。漢字ではあるが、音としての機能しかないのだから、これは実質的には「仮名」と変わらない。

この漢字の用法こそが**「万葉仮名」**と呼ばれるものである。この用法は飛鳥時代から奈良時代にかけて成立していたと見られるが、『万葉集』に代表される日本語表記法ということで、「万葉仮名」と呼んだ。

「ひみこ」を「卑弥呼」と書いたり、「マクドナルド」を「麦当劳」と書くのも、一種の万葉仮名と言える。

万葉仮名は、「仮名」とあるので誤解されやすいが、ひらがなやカタカナのことではない。ひらがな・カタカナ成立以前の漢字を用いた日本語表記法の一つ、これが万葉仮名である。

中国のマクドナルド。「マクドナルド」の当て字として「麦当劳」の漢字が当てられている。(©crazlei)

079 『万葉集』が読めない時代があった!?

飛鳥時代から奈良時代にかけて、日本語の音は、漢字を使って自由自在に表現できるようになったが、それがさらに知的に進化し、**「戯書（ざれがき）（ぎしょ）」**と呼ばれる言葉遊びのようなものが登場した。『万葉集』では、この戯書があちこちで使われている。

戯書には、**漢字の意味から連想して文字にしたもの**（「義訓」という）と、**漢字の訓読みの音を使って文字にしたもの**（「借訓」という）がある。

たとえば、「暖」は「はる」、「寒」は「ふゆ」、「丸雪」は「あられ」と読む。言われれば納得だが、知らないと読めない。

もっと難しいところでは、「朝烏（からす）」を「あさひ」と読んで「朝日」のことを指す。これは、太陽のなかには三本足の烏がいるという古代中国の伝説をもとにしていると考えられる。

「味試」は動詞「嘗（な）む」（「なめる」の意味）のことで「なむ」と読む。「味を試す」と書いて「なめる」と読ませるのは、なかなか洒落ている。原文では「恋度味試」と表記されていて、「恋ひ渡りなむ＝ずっと恋しつづけるのだろうか」という意味で使われている。

このように、**戯書の言葉は知っていないと理解することはかなり難しい。**解説書でもまとめておいてくれればよかったが、だれもそんなことはしなかった。

やがて『万葉集』が編纂された時代の人々がいなくなり、時代的には中国文化へ傾倒が強まったことで、純日本風の『万葉集』への関心は薄れていった。

結果、平安時代初期には、知識人のあいだでも『万葉集』の戯書を理解できる人がいなくなってしまったのだ。つまり、『万葉集』が読めなくなってしまったのである。その間、わずか150年ほどだから、言語の記憶というのはいかにもはかない。

これは一大事である。危機感を募らせたのは、平安中期に文化面で大きな功績を残した村上天皇だった。村上天皇は、学者らに命じて『万葉集』を解読させることにした。

これでなんとか、『万葉集』の豊かな言葉遊びの世界が現在まで受け継がれたのである。

080 「いろは歌」はいつごろできたのか？

色は匂へど散りぬるを
我が世誰ぞ常ならむ
有為の奥山今日越えて
浅き夢見じ酔ひもせず

これは「いろは歌」である。47文字のひらがなをすべて一回ずつ使った歌で、文字を勉強しやすいようにした「手習い歌」である。

だいたいの意味は、「花の色は鮮やかに映えるけどいずれは散ってしまう」「この世に一定不変のものなどあろうか」「迷い多い奥山を歩いているような人生を今日こそ越えよう」「はかない夢など見るまいよ、酔っているわけでもないのに」となる。

この「いろは歌」が記された最古の史料は、１０７９年成立の『金光明最勝王経音義』である。では、いつごろできたかというと、9世紀前半の空海がつくったという伝説もあるが、時代的にほぼありえない。

宇多天皇の御子・斉世親王がつくった『梵漢相対抄』というサンスクリット語の漢語

の対訳字書が「いろは」引きになっている。これがいつできたかはわかっていないが、斉世親王が927年に亡くなっているから、それ以前に「いろは歌」もあった、とも考えられる。

この説だと、**ひらがなの成立とほぼ同時に「いろは歌」もできていた可能性がある。**

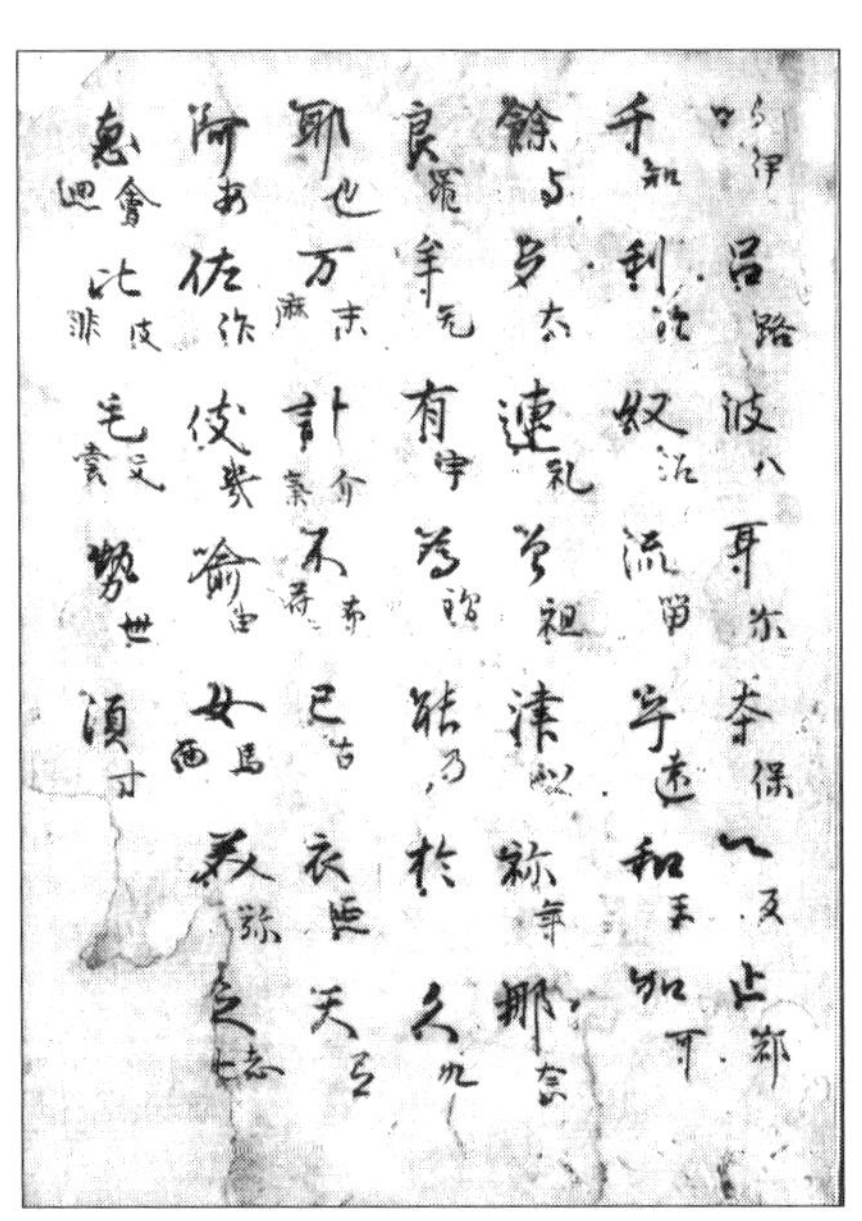

『金光明最勝王経音義』に書かれている「いろは歌」。漢字からひらがなへの変遷も垣間見れる。

081 藤原定家が定めた「定家仮名遣い」とは？

10世紀後半～12世紀にかけて、「ハ行転呼音現象」をはじめ、日本語の音が激変した（P182参照）が、それによって仮名遣いに混乱が生じた。

たとえば、それまで「オ」と「ヲ」には微妙な音の違いがあって意図的に使い分けられていたものが、**音が同じと見なされたことで、仮名で表記するときに「お」と「を」のどちらを使えばいいのかわからなくなったのである。**

この問題に対し、仮名遣いのルールを定める必要があると考えた人物がいた。それが藤原定家（ていか）である。定家は、平安末期から鎌倉時代にかけての歌人だが、歌論集『下官集（げかんしゅう）』の「嫌文字事」の条で、発音で区別できなくなった仮名の使い方を示した。

具体的には、「お」と「を」の書き分け、「え」と「へ」と「ゑ」の書き分け、「ひ」と「ゐ」と「い」の書き分けを示した。

たとえば、「お」と「を」の書き分けでは、「をくら山」は「を」を使い、「おく山」は「お」を使う。その根拠は何かというと、**定家が生きていた平安末期の京都のアクセントだった。**当時の京都のアクセントで、**高いアクセントであれば「を」**を使い、**低いアクセントであれば「お」**を使う。

ただ、このアクセントの違いで使い分けるということは、定家が言ったわけではなく、現代になって解明されたことである。国語学者の大野晋氏（1999年のベストセラー『日本語練習帳』の著者）が1961年に唱えたものだ。

ほかの「え」と「へ」と「ゑ」の書き分け、「ひ」と「ゐ」と「い」の書き分けについては、アクセントを基準にしているわけではなく、**定家が校訂していた古典文献をもとに決めていたとされる。**

『下官集』をもとにさらに多くの語例をつけて本格的な仮名遣いのマニュアルとしたのが『仮名文字遣』である。これは南北朝時代の学者である行阿がまとめたものだ。これがその後の仮名遣いの規範となり、「定家仮名遣い」と呼ばれるようになった。

ちなみに、「定家仮名遣い」に対し、**音の変化が起きる以前の古い仮名遣いは「歴史的仮名遣い（古典仮名遣い）」と言う。**

082 古代の和語の響きを残す「歴史的仮名遣い」

「定家仮名遣い」（P116参照）の問題点は、当時の京都のアクセントを基準にしていることだ。アクセントを含む発音というのは常に時代とともに変化するものだから、ある一時点をとって基準とすることはおかしい。「定家仮名遣い」は、『万葉集』の万葉仮名とも一致せず、早くから批判を浴びていた。

それでも「定家仮名遣い」は日本語の一般的な書記法として500年以上使われつづけた。しかし、**明治時代になると、「定家仮名遣い」は問題が多いことから、それ以前の「歴史的仮名遣い」が日本語の正書法として採用されるようになった。**

「歴史的仮名遣い」は、日本語の発音が変化する以前に書かれた上代の文献をベースにしている。あくまでも文献に記された仮名遣いを基準にしているのが特徴だ。

発音やアクセントというのは時代によって変わってしまうが、それによって起きる混乱を避けるため、**「歴史的仮名遣い」では、上代に記された文献の仮名遣いを基準としたのである。**

現在出版されている各社の『古語辞典』は、この「歴史的仮名遣い」をまとめたものである。だから、そこに収められている言葉から古代の日本語（和語）の響きを味わうことができるのだ。

「歴史的仮名遣い」は明治時代の教科書の表記法に採用されたことで日本語の正書法となった。新聞や雑誌、文芸作品も「歴史的仮名遣い」によって書かれるようになった。近代以降の文豪たち、夏目漱石から太宰治、三島由紀夫たちも「歴史的仮名遣い」によって日本語を自在に操ったのである。

ところが、終戦直後の１９４６年に公布された「現代仮名遣い」によって、「歴史的仮名遣い」の役目はわずか１００年にも満たないあいだに終わってしまった。

現在私たちが読んでいる文豪の作品は、原文の「歴史的仮名遣い」を「現代仮名遣い」に書き換えたものである。原文で読んだら、また違った味わいがあるはずだ。

083 「コソアド」は、古語では「コソカイヅ」だった

「これ／それ／あれ／どれ」と、日本語の指示詞は**「コソアド」**と呼ばれる仕組みがある。

話し手と聞き手がいるという設定で考えると、指している人やモノが話し手の領域にあるときは「これ」「この」などの「コ系」を使い、聞き手の領域にあるときは「それ」「その」などの「ソ系」を使い、話し手と聞き手両方の領域外にある場合は「あれ」「あの」などの「ア系」を使う。残りの「ド系」は、「どれ」「どの」などの疑問詞である。

人やモノを指すとき、日本語は基本的に「コソア」の3系統を使い分ける。ドイツ語やフランス語にも同じような3系統があるが、英語は「this」「that」の2系統しかない。

古い日本語では、「コソアド」ではなく「コソカイヅ」の仕組みだった。「これ／それ／かれ／いづれ」や「ここ／そこ／かしこ／いづこ」と言っていた。**このうち疑問詞の「いづこ」は、平安のころに「いどこ」になり、「どこ」に変化したとみられる。**

また、「かれ」は現代語にも痕跡がある。夕暮れの薄暗いなか、「誰だあれは」という意味で「たそかれ（誰そかれ）」と言っていたのが、「たそがれ（黄昏）」に変化したのである。

084 日本語の横書きを考えたのは、江戸時代の学者

現在、日本語の横書きは広く浸透し、公用文、ビジネス文書、教科書なども横書きになっている。しかし、日本語はもともと漢文の形式から発展してきているので、縦書きを基本としていた。

横書きのアイデアはいったいどうやって生まれたのか？　これは意外にも古く、江戸中期の有名な儒学者で政治家である**新井白石**（あらいはくせき）が最初に発案したのではないかと推測されている。白石は独学で儒学を学び、漢文に親しんでいたが、当時日本に伝わった西洋文字のアルファベットに驚愕したと言われている。

白石は『東雅』（とうが）（1717）のなかで、**西洋のアルファベットは、ひらがなよりも少ない30にも満たない文字ですべてを言い表せることから、漢字よりも優れていると述べ、日本語でも英文のように横書きにしてはどうかと主張した**。白石にとっては、整然とならぶ横書きのアルファベットそのものに対する憧れがあったのかもしれない。

じっさいに横書きが広まったのは戦後のこと。1952年、文部省が「公用文作成の要領」のなかで「書類の書き方については、なるべく広い範囲に亘って左横書きにする」としたのがきっかけとされる。

085

本居宣長が「お」と「を」の違いを発見！

平安末期に明覚（みょうがく）という僧がまとめた五十音図の子音のならびは「アカヤサタナラハマワ」だった（P124参照）。これは梵語（サンスクリット語）の子音の順番にならったものである。さらにこれが研究された結果、浄厳（じょうごん）が著した『悉曇三密鈔（しったんさんみっしょう）』（1682）のなかで、「アカサタナハマヤラワ」という現在と同じ順番があらわれた。

とりあえずこれで五十音図はほぼ完成したといえる。しかし、さいごまで残った問題があった。**「オ」と「ヲ」の違いである。「オ」と「ヲ」はア行とワ行のどちらに置くのかわからなかった**のだ。

すでにふれたように、10世紀後半～11世紀はじめに「オ」と「ヲ」は一つになった（P116参照）。助詞の「ヲ」をのぞいて、2つの発音の違いがなくなってしまったのである。発音の違いが区別されなくなると、どちらの文字が「o」の音で、どちらの文字が「wo」の音なのかも時代が進むにつれてわからなくなっていた。

この問題を解決したのが、**江戸時代の国学者・本居宣長（もとおりのりなが）**である。

宣長はどうやってこの問題を解決したのかというと、『万葉集』に書かれている文字から古代の日本語の音を丁寧にたどり、「オ」と「ヲ」がア行とワ行のどちらに属するのかを調べていった。

たとえば、「息（いき）」のことを「於伎（おき）」と書いてあれば、「い」と「お」は同じア行に属するとわかる。また、「居（ゐ）る」のことを「乎流（をる）」と書いてあれば、「ゐ」と「を」は同じワ行に属するとわかる。

こうして宣長は「オ」と「ヲ」の区別を整理し、1775年の『字音仮名用格（じおんかなづかい）』にまとめた。このことは、**「国語学史上の一大発見」**とまで言われている。

この発見によって、五十音図は現在のような形になったのである。

仮名の「オ」と「ヲ」の違いを明確に区別した本居宣長。彼は『古事記』の注釈書を作成するなど、国学の発展に大きく貢献した。

086 五十音図の原型は平安時代にできていた

現存する最古の「五十音図」と言われているのは、11世紀はじめに成立した醍醐寺蔵『孔雀経音義』に記されている。ただ、そこには40の音しかあげられていない。

それから70年ほどあと、1079年に書かれた奈良の西大寺の『金光明最勝王経音義』には、「いろは歌」（P114参照）のほかに、「五十音図」も記されている。こちらには、次の50の音があげられている。

「濁音がない列／ラレロルリ　ナネノヌニ　マメモムミ　アエオウイ　ワヱヲフヰ　ヤエヨユイ」「濁音がある列／ハヘホフヒ　タテトツチ　カケコクキ　サセソスシ」

順番は現在のように「アイウエオカキクケコ〜」とはなっていない。

さらに平安末期になると、子音と母音の組み合わせによって音韻体系を整理した「五十音図」が登場した。これをまとめたのは、平安末期、加賀の薬王院温泉寺にいた天台宗の僧・明覚（めいかく）である。

明覚は梵語（サンスクリット語）によるオリジナル仏教経典を読解する研究を重ねていたが、じつは漢語の発音の仕組みというのは梵語によってわかっていた。それならば、梵語を介して日本語の発音の仕組みがわかるのではないかと、明覚は研究に没頭した。

そうしてまとめたのが『反音作法』という書物である。そこには、五十音がこう示されている。

アイウエオ
カキクケコ
ヤイユエヨ
サシスセソ
タチツテト
ナニヌネノ
ラリルレロ
ハヒフヘホ
マミムメモ
ワヰウヱヲ

アイウエオの五字が、すべての文字に通用する音の響きであることが示されている。

明覚は、**日本語の発音は母音と子音の組み合わせによって整然とまとめることができることを示した**のである。

明覚の五十音図は、「五音（ごいん）」「五音図」と呼ばれて受け継がれ、江戸時代になって今日の五十音図のならびになった。

087 共通語は江戸の「山の手ことば」が基盤となった

日本各地にはさまざまな方言があるが、そのなかでも代表的な方言を**「中央語」**と言う。中央語とは、その国の政治・経済・文化の中心地で話されている方言のことである。

では、日本の中央語が歴史的にどのように変化してきたかというと、大きく見ると、「古代語」と「近代語」に分けることができる。

「古代語」は、奈良・平安・鎌倉・室町にいたる時代の言葉で、**主に奈良や京都を中心に発達した西部方言**である。一方、「近代語」は、江戸から現代にいたる言葉で、**主に江戸・東京を中心とする東部方言**である。中央語は、西から東へ地理的に大きく移動したのだ。

「中央語」はその国の中心地で話される方言だが、これに対して、「共通語」という言い方もある。共通語とは、**「全国どこででも通用する言葉」**という意味だ。ふだん使う方言ではなく、「改まった言葉づかい」「公的な場面で使う言葉」ということになる。

日本の共通語は、はじめは「普通語」と呼ばれた。明治以降、学校教育が進み、交通網が発達して人的交流が全国規模で広まるなかでつくられていった。

共通語のベースとなったのは、中央語である東京の方言である。東京語は江戸語の流れを汲むが、江戸語のなかにもいろいろな言葉がある。下層町人が話す「下町ことば」や、上級武士や上層町人が話す「山の手ことば」である。そのなかでも**共通語に採用されたのは、より洗練された「山の手ことば」だった。**

「共通語」という名称は、言語研究や国語教育の面で戦後になって正式に使われるようになった。「標準語」という言い方もあるが、標準語では言語を統制するようなイメージがあるので敬遠されたようである。

共通語は、全国どこでも通用する言葉ということで、通用すればいいという考え方になっている。方言だけでなく、この「共通語」を理解することが、国語教育の一つの目標になっている。

088 「゛」はいつ生まれたのか？

濁音とは濁点の「゛」をつけてあらわす仮名である。いわゆる「てんてん」のついた仮名で、五十音図の「が行・ざ行・だ行・ば行」である。

奈良時代にまとめられた『古事記』『日本書紀』『万葉集』などには、**この濁音ではじまる言葉がほとんどない。**本居宣長は、古代の日本語には濁音ではじまる言葉はなかったという説を唱えている。

じっさい、平安時代前期のころまでの文献をたどると、濁音ではじまる日本語は「夫知（ブチ）」などほんのわずかしかない。あったとしても、漢語や梵語由来の言葉である。濁音ではじまる日本語固有の「でんでんむし」などが出てくるのは、江戸時代前期まで待たなければならない。

では、「゛」という記号はどうやってつくられたのだろうか？ 中国では、漢文を読むときのアクセントを示す記号として**「声点（しょうてん）」**というものがあった。漢字の四隅に「●」をつけて、左下は「平声」、左上は「上声」、右上は「去声」、右下は「入声」を示す。これが日本で発展し、「●」が一つの場合は「清音」で、「●●」と二つ記した場合は「濁音」をあらわすようになった。

はじめは漢字だけにつけられていた「●」や「●●」の声点だったが、鎌倉時代になると、ひらがなで書かれたものにもつけられるようになった。そのとき、日本語のアクセントの高低は必ずしもつける必要がなかったが、清音・濁音の区別は必要であることから、濁音の符合が定着した。もともと「●●」は四隅のうちあいているところにつけていたが、**だいたいいつもあいているのは右上だったので、ここにひらがなの濁音をあらわす「●●」がついたのである。**

ただ、濁音は方言や時代によっても変わるので、あくまでも濁点は、読者が地の文を読みながらつけていくための符号にすぎなかった。

それがひらがなと一体化した「が」「ざ」「だ」などの文字になったのは、共通語として日本語が平均化していく明治時代になってからのことである。

12世紀頃に成立した辞書『類聚名義抄（るいじゅみょうぎしょう）』に記された声点。「既」を「スデニ」と読むことが、声点を用いて書かれている。ここでは「テ」の左上に黒点が２つついている。（観智院本『類聚名義抄　仏下末四』1900年以降の写本より）

089 日本語の正式な読点はコンマ「,」だった!?

日本語は、読点「、」で文章を適度に区切り、句点「。」で文章の終わりを示す。読みやすい日本語の文章を書くには、句読点は絶対に欠かせないものだ。ところが、**句読点の歴史というのは驚くほど浅く、**現在のように使われるようになったのはつい最近のことである。

日本語の書き文字は漢文からはじまった。漢文は読みやすくするために句読点などを朱色で入れることがあるが（訓点）、これはあくまでも補助的なものであって、本来は句読点なしで読む。日本語の書き文字は、この漢文のスタイルをもとにしたので、**漢字平仮名交じり文を書くときも句読点は入れなかった。**それでは相当に読みにくかったのではと思ってしまうが、日本語の文章の末尾は基本的に終止形で終わるので句点はなくてもわかるし、漢字とひらがなが交じることで読点がなくても読めたと言われている。

16世紀、キリシタンの宣教師が来日して、ピリオド「.」やコンマ「,」のほか、コロン「:」、セミコロン「;」、疑問符「?」、感嘆符「!」などが伝わったが、日本語にはまったく取り入れられなかった。

句読点が使われるようになったのは、日本語の読み書きが広まった明治時代になって

から。１９０６（明治39）年、文部省は国定教科書の基準として「句読点法」をまとめ、漢文の訓点からとった「、」「。」を日本語に導入した。ただ依然として法律の条文などは句読点を使っていなかった。句読点がなくても読める文を書いていたのである。

句読点（文部省は１９４６年から「くぎり符合」と呼んでいる）は戦後になってようやく定着した。が、一つ不思議だったのは、横書きの場合の句読点である。

文部省は１９５２（昭和27）年に「公用文作成の要領」を示し、そのなかで横書きの句読点について、**「横書きでは「，」および「。」を用いる」**としたのである。読点は、「、」ではなく、欧文のようにコンマ「，」という方向を打ち出したのだ。この通知内容はそれ以降、改訂されていないので、いまでも公用文などの横書き文の読点は「，」とされている。たしかにいまでも文科省の通知や教科書などに「，」を使う例を見ることができる。

縦書きは「、」だけど、横書きは「，」になる、不思議な仕組みが存在するのだ。

090 外国語の輸入で豊かになった数の言葉

数や数えることをあらわす**数詞**にはいろいろなものがある。大きくは2種類あって、古代の日本語（和語）によるものと、漢語や欧米語など外来のものがある。

和語の数詞は、**「ひと・ふた・み・よ・いつ・む・なな・や・ここの・とお」**だった。二〇は「はた」、三〇は「みそ」、四〇は「よそ」などとなり、百は「もも」、万は「よろず」、千は「ち」となる。使い方は、名詞につけて「ひとばん（一晩）」「ふたつき（二月）」などとするか、接尾語の「つ・ち」「り・たり」をつけて「ひとつ・ふたつ・みっつ……」などとする。

現在一般に使われている**「一・二・三……」というのは、古代中国から伝わった漢語の数詞だ。**こちらは「百・千・万・億・兆・京……」とあって、どんな大きな数でもあらわすことができた。和語にくらべて無限の広がりを持つ漢語の数詞は、それだけ中国文化の空間的・時間的認識力の高さを示している。

数字につける単位では、「個」「冊」「枚」「台」「頭」「杯」「里」「升」「合」「尺」などはすべて漢語で、日本固有のものではない。日本固有の和語の単位には、「枚」「口」「筋」「振」「人」「度」「日」「重」などがある。「二口」「五日」「八重」などは和語である。

明治時代には海外との輸出入が活発化して、**欧米の度量衡を漢字一字であらわすようになった。**「メートル＝米」「ヤード＝碼」「ポンド＝磅・听」などである。グラムは江戸時代から「瓦蘭姆」と書かれ、略して「瓦」とされていた。「グラム＝瓦」から発展して、ミリグラムは「瓱」、デシグラムは「瓰」、キログラムは「瓩」などと新しい国字もつくられていった。

度
ミリメートル……粍・millimeter……〇尺〇〇
センチメートル……糎・centimeter……〇尺〇三
デシメートル……粉・decimeter……〇尺三三
メートル……米・meter……三尺三
デカメートル……籵・decameter……三三尺
ヘクトメートル……粨・hectmeter……三三〇尺
キロメートル……粁・kilometer……三三〇〇
於ける糿、竝、竕、又は瓧、瓦、瓱等の當字は我が中央氣象
方は中々面賓なれば漸く世に行はれんとする摸樣あ
國に行はれ metre の綴り方は佛英に行はる、又サンチメ
と呼び糎と畧しミリメートルをミリと呼ぶ事あり、又
量
センチリットル……竰・centiliter……〇・〇〇五五四
デシリットル……竕・deciliter……〇・〇五五四四
リットル……立・liter……〇・五五四三五

『商業算術』（1902年発行）に記される度量衡の漢字。「メートル」は「米」と書くことから、「キロメートル」は「米」に「千」で「粁」などという新しい漢字がつくられた。

091 日本語はルーツのない「孤立語」？

日本語のルーツはどこにあるのか？　私たちの祖先が話していた日本語は、どこからきたものなのか？

言語には**「系統」**がある。音韻（発音）や文法を比べて、対応するものが見られれば、その2つの言語は同じ系統と分類される。

たとえば、代表的な言語系統に、「インド・ヨーロッパ語族」がある。英語、ドイツ語、イタリア語、フランス語などヨーロッパの諸言語のほか、ロシア語、ポーランド語、さらには古代インドのサンスクリット語などがこれに含まれる。ほかには、「アフロ・アジア語族」「ウラル語族」「ドラヴィダ語族」などの言語系統もある。

では、日本語はどの系統に分類されるのかと言うと、**じつは「不明」である。**なんと、日本語は音韻や文法を調べても、同じように対応する言語が見つかっていないのだ。これには、古代の十分な史料がないという事情もあるだろう。ちなみに、中国語についてもルーツが不明で、「孤立語」などと言われている。

それでも、日本語の系統にはいくつかの説が唱えられている。大きく2つある。

1つ目は、**北方のアルタイ語系の言語という説**だ。アルタイ語は、チュルク（トルコ）

語・モンゴル語・ツングース語などが含まれ、日本語や朝鮮語はこれに属するという説がある。

２つ目は、**南方のポリネシア語系の言語という説**だ。近年はこちらの研究が進み、日本語との共通点が指摘されている。

そして、この北方系と南方系が複合しているという見方も唱えられている。

そもそも日本人のルーツは、**アジア大陸とつながっていた時代に歩いてやってきた縄文系**と、**朝鮮半島から海を渡ってやってきた弥生系**の大きく２つある。この２つの系統の人々が複合していると見られている。

言語的に見ると、縄文系は南方系の言語、弥生系は北方系の言語をもたらしたとされているので、この２つの言語系統が合わさって日本語ができたと考えることもできるのだ。

世界の言語系統のおおまかな分布。日本語のルーツに関しては、諸説ある。

第四章　戦前・戦後で変わった日本語

092

戦前の国語では「カタカナ」を先に学んでいた

「国語」という教科目がはじめて設けられたのは、1900（明治33）年公布の小学校令による。1904年から国語の教科書「尋常小学読本」の使用がはじまった。それを見て驚くことは、**よりもカタカナから読み書きをはじめるカリキュラムとなっている**ことだ。

なぜカタカナからだったのか？　その理由は、**「発音ノ教授ヲ出発点トシテ、児童ノ学習シ易キ片仮名ヨリ入リ」**と説明されている。カタカナのほうが簡単だから、というわけだ。**戦前の国語教育は、カタカナ↓ひらがな↓漢字の順番で教えられていた。**漢字が一番難しいので最後に学ぶ。現在のようにひらがなから教えるようになったのは、戦後のことである。戦前、新聞などは「漢字平仮名交じり文」だったが、法令・公用文の表記は「漢字片仮名交じり文」だった。「漢字平仮名交じり文」に変わったのは戦後のこと。戦前はカタカナにかなりのウエートが置かれていたのである。

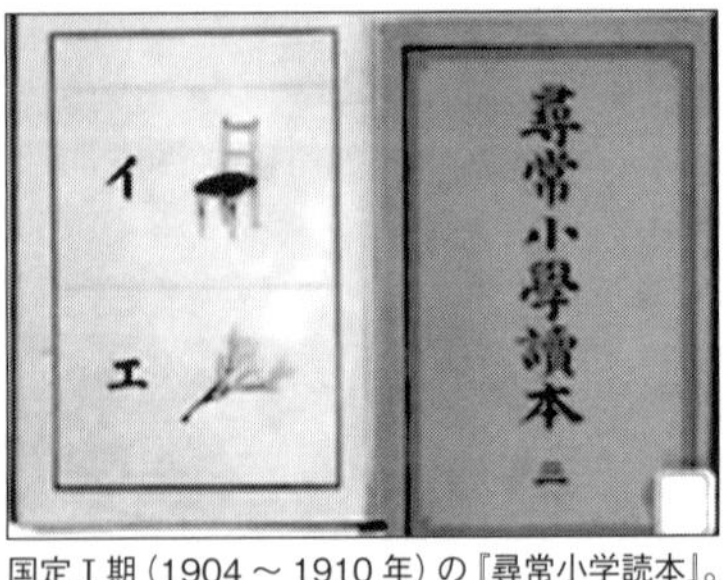

国定Ⅰ期（1904～1910年）の『尋常小学読本』。
（画像引用：東書文庫ホームページ）

093 日清戦争に勝って「国語」ができた

小学校で「国語」という科目が登場したのは、1900（明治33）年のこと。じつは**それまで「国語」という教科は存在しなかった。**それまであったのは、「読書」「作文」「習字」という科目だった。

「国語」の議論がはじまったのは、1880年代後半から。きっかけは、日本語教育の課題があったと見られる。

いちおうは「読書」のなかで日本語が教えられていたが、内容は先生によってまちまちで、まだ統一した日本語教育ができていなかった。そこで、**読書・作文・習字という科目を統合して「国語」という教科にし、きちんと日本語を教えていくべきだと考えられるようになった。**

同時に、言語だけでなく、道徳教育や知識教育も行う。「国語」は、近代国家における国民の同一性をあらゆる側面から補っていく総合的な教科になっていったのである。

日本は、1895年に日清戦争に勝利している。**負けた国の言語（漢語＝中国語）をなぜ使わなければいけないのか、という声もあがっていた。**そんな時代背景もあって、1900年に「国語」が設置されたのである。

094 「国語」の授業は植民地の方が早くはじまった

言語というのは征服者の武器になる。

19世紀、近代化したヨーロッパの列強はアフリカやアジア、ラテン・アメリカなどの征服に乗り出した。征服した土地をうまく治める方法は、力で押さえつけるのではなく、反発する気持ちをやわらげることである。それには、**征服者と同じ言語を使わせ、文化的にも精神的にも同化させるのがいい。**そこでヨーロッパの列強は、土地の言語を征服者の言語（英語やフランス語、スペイン語、ドイツ語）に置き換える政策を進めた。

この結果、当時ヨーロッパに征服された多くの国々では、独立したいまでも英語やフランス語などヨーロッパの言語が使われている。

戦前の日本も、ヨーロッパ列強をお手本にしてアジアの征服に乗り出し、**植民地で日本語を使わせた時代があった。**

1895年、日本は日清戦争によって台湾を領有し、日露戦争をへて朝鮮（当時の大韓帝国）を1910年に併合した。さらに満州、中国の複数の都市、東南アジア、南太平洋の国々を併合していく。1930年代の終わりごろまでには、これらのすべての地域で日本語の使用と日本語教育が課されていた。

植民地では、**「日本語」ではなく、「国語」と称して強制された。**植民地の人々は大日本帝国の帝国臣民になったので、自国の言語となった日本語を当然のこととして学ぶ。だから「国語」教育というわけである。

この「国語」教育が最初にスタートしたのは台湾だった。１８９６年3月、台湾総督府直轄諸学校官制の公布により、国語学校、国語学校附属学校、国語伝習所が設置され、学校の教科目として「国語」が登場した。じつは、教科目としての「国語」の登場は、１９００年の日本よりも植民地の台湾のほうが早かったのである。

植民地の国語では、話し言葉の「口語」を重視して教え込まれた。もちろん国語に対する反発もあったが、朝鮮では日本語を洒落た言語として受け入れられる場面があったり、台湾では日本語を通して西欧近代にアプローチする人々もいた。植民地で自発的に日本語を吸収しようとする動きもあったわけだが、しかしこれもあくまでも国語の強制がもたらしたものである。

1942年頃のフィリピンにおける日本語教育の様子。（画像提供：毎日新聞社）

095 「日本語」は大東亜共栄圏の共通語だった⁉

戦前、日本の植民地では、日本語が「国語」として教え込まれた。しかしやがて日本が**「大東亜共栄圏」**を構想するようになると、「国語」というシステムだけでは限界が出てきた。

「大東亜共栄圏」とは、日本を中心とした東アジアの共同体のようなものだ。このすべての地域に日本語という「国語」を強制することは到底無理な話である。そこで、**それぞれの共同体の個別の言語も認めながら、「日本語」を大東亜共栄圏のなかで通用する「共通語」に位置づけたのである。**このときの「日本語」は、いまの国際共通語である「英語」のようなイメージである。

１９３２年に建国された満州国では、民族の固有の言語も認めながら、「日本語」の普及をはかった。また、１９４０年代にかけて東南アジアの民族運動が活発化したときには、現地語を尊重しながら「日本語」を広めた。この時代、「日本語」を通じて、日本の文化や日本の精神をアジアのより広い地域に伝えることが画策されていたのである。

096 漢字制限論を唱えていた福澤諭吉

明治時代に勃発した漢字廃止論（P20参照）。この漢字廃止論は、**あの福澤諭吉をも刺激していた。**

諭吉は、当時の小学生のために書いた『文字之教』（1873）のなかで、**「漢字を全廃するのはすぐにできるものではない。そのときを待つしかない」**ということを言っている。漢字全廃は現実的にすぐにはできないが、漢字廃止論には同調していたのだ。

そして、**「難しい漢字を使わないようにすれば、2千か3千の漢字があれば十分だろう」と言って、漢字の数を制限する案を唱えていた。**じっさい、この『文字之教』では1000に満たない漢字とカタカナだけで一通りのことを表現できることをやって見せている。

諭吉の漢字制限論は、同じ慶應義塾の後輩でジャーナリストの矢野文雄（龍渓[りゅうけい]）に受け継がれた。矢野は『日本文体文字新論』（1886）のなかで、政府の布告や教科書、新聞、日用の手紙などの「普通書」を書くには、3000以下の漢字で十分であると主張している。こうして唱えられた漢字制限論は、戦後の「当用漢字」（P150参照）の制定として現実化することになる。

097 ローマ字を公用語にしようとしていた！

漢字廃止論が巻き起こるなか、前島密（P21参照）のはたらきかけもあって、明治時代の教科書には「仮名交じり文」が登場する（1881年）。これは仮名を基本にしながら漢字を補足的に使うというものだった。

とりあえず教育の現場では「仮名交じり文」で教えられていった。その一方で、漢字廃止の議論も激しさを増していった。

漢字廃止論にもいくつかの派閥があって、大きくわけると、**西洋のローマ字を公用語にしようとする「ローマ字派」**と、**日本語に最適な表音文字「仮名」だけにしようとする「かな派」**があった。

「ローマ字派」は、1869年に政府学問所の学生・南部義籌（なんぶよしかず）が「修國語論」でローマ字を推進することを唱えたことがきっかけとされる。1885年には、社会学者の外山（とやま）正一（まさかず）によって「羅馬字会」が結成された。

ローマ字派のなかでも、英語の発音に基づいた「ヘボン式」（「し」は「shi」と書く）と、日本語の発音に基づいた「日本式」（「し」は「si」と書く）が対立していた。

しかし結局は、太平洋戦争の時代に「ローマ字は敵性の文字」として排斥されるようになった。

一方、「かな派」のなかでも、漢字を完全に廃止しようとする「全廃派」と、漢字は全廃せずに数を制限すればいいとする「制限派」がいた。福澤諭吉（P143参照）は制限派に入る。

また、**「ローマ字派」や「かな派」以外にもいろいろな考え方があって、「外国語を公用語にしたらどうか」という者や、「新しい日本語をつくろう」という者もいた。**

新しい日本語をつくろうとした新国字論者たちが考えたのは、漢字の偏や冠などの部首とカタカナを組み合わせたものだ。「木」（きへん）と「スギ」で「杉」、「犭」（けものへん）と「クマ」で「熊」など、奇想天外な文字が真面目に考えられていたのである。

『新国字論』（白鳥鴻幹著、1898年）に記された「新しい漢字」。

098 言文一致が進んだのはつい1世紀ほど前のこと

古来、「書き言葉」と「話し言葉」は違うものだった。

「書き言葉」というのは、**一部の知識層が使うことのできる特権的なツール**のようなもので、それは漢文だったり、和漢混淆文（和文と漢文の要素をまじえた文体）だったり、雅文（平安時代の仮名文やそれを真似た文）というものだった。和漢混淆文は、「普通文」と言われて明治の新聞などでも使われていた。一般の人は、そんな「書き言葉」を理解できなくて当然だった。

しかし、明治になって教育の機会が広まると、難しい「書き言葉」をいかに一般に普及させるかが課題となった。そこで考えられたのが「書き言葉」を身近なものにすること。**「書き言葉」を「話し言葉」に近づけて、両者の溝を埋めればいいと考えるようになったのである。**

ここに、「書き言葉」と「話し言葉」を一致させようという、いわゆる**「言文一致」**の運動が起きた。

この運動の代表的な人物が、作家の**二葉亭四迷**である。彼は**小説『浮雲』の文章で、話し言葉のように文末に「〜だ」を用いた。**また「国民語の資格を得ていない漢語は使わない」という立場から、漢語由来の単語を使うことをひかえた。

そのほか、山田美妙は『夏木立』で「〜です」を使ったり、尾崎紅葉は『多情多恨』で「〜である」を使った。

一方、1900（明治33）年には帝国教育会内に言文一致会なるものができて、1904（明治37）年の最初の国定教科書『尋常小学読本』では話し言葉の口語体が用いられた。

こうして、文芸や教育の分野で「書き言葉」は「話し言葉」に近づいていった。その結果、明治時代末期には小説のほとんどが口語体で書かれるようになり、大正時代の新聞の社説は口語体で書かれるようになった。

「書き言葉」と「話し言葉」ははじめから同じものだったと思いがちだが、じつは言文一致が進んでまだ1世紀ほどしかたっていないのである。

二葉亭四迷。書き言葉が用いられる小説において日本で初めて話し言葉を書き記した。

099 GHQによって「パパ」「ママ」が定着した

太平洋戦争に敗れ、日本は敗戦国となった。

日本はなぜアメリカに敗れたのか？ 多くの国民が自問するなか、**「原因は漢字にある」**と真面目に議論する者があらわれた。

たとえば、1945年11月の読売報知新聞の社説では、**「漢字を廃止するとき、われわれの脳中に存する封建意識の掃蕩（そうとう）が促進され、あのてきぱきしたアメリカ式能率にはじめて追随しうるのである」**と、日本人の能率低下の原因として漢字がやり玉にあげられている。

新聞社が漢字廃止論を唱えたのには、経費削減という別の理由もあっただろう。当時は活版印刷で、漢字の文字を一つひとつ探してははめ込むという作業を、大勢の労働者を動員して行っていたのだ。もしもローマ字になれば、時間も経費も大幅に減らすことができる。

一方、日本を占領統治した**GHQも漢字廃止に意欲を燃やしていた。**1946年1月、GHQの一機関であるCIE（民間情報教育局）のロバート・キング・ホール少佐は、**「事務的に見ても漢字と仮名でできているタイプライターほど非能率的なものはない。**日本国民の知的レベルを引き上げるにはローマ字の大衆化が必要である」**ということを述べている。

じっさい、ＧＨＱの命令で漢字廃止計画が進められた。各地の道路標識や駅名、公共施設の看板などがローマ字表記や英語に置き換えられていった。街中から漢字が消え、アルファベットやカタカナであふれた。

漢字廃止計画が広まると、戦前のローマ字推進派も息を吹き返した。

１９４６年、「日本ローマ字会」や「カナモジカイ」という団体が漢字を全廃するよう共同声明を出している。

漢字はないほうがいい。当時はそんな風潮が強まったのだろうか。名前をカタカナにする人も出てきた。

そしていつしか、子供たちは親をこう呼び出した。

「パパ！」「ママ！」

100 漢字の廃止を前提に制定された「当用漢字表」

戦後の漢字廃止論が渦巻くなか、とりあえずの一つの帰結となったのが、1946年11月16日に制定（内閣告示・訓令）された**「現代かなづかい」**と**「当用漢字表」**である。公布にあたって、ときの総理大臣である吉田茂は、教育上の負担を軽くして、生活能率と文化水準の向上を目指すものだと説明している。

「現代かなづかい」は、歴史的仮名遣い（P118参照）を現代の発音に近づけたもので、いまの日本語のベースになっている。1986年には「現代仮名遣い」（P168参照）として改訂され、いまにいたっている。

一方、「当用漢字表」は何かというと、**一般に使用する漢字として1850字に厳選したもの**である。漢字廃止ではないが、ついに漢字制限に踏み切ったということになる。

不気味なのは、「当用漢字」という名称だろう。「当用」とは「当面用いることができる」ということである。つまり、**「当面この1850字を用いるが、いずれこれも全廃しますよ」**という意味なのである。

当用漢字の成立に関わった国語審議会のメンバーで「カナモジカイ」の理事長・松坂（まつさか）忠則（ただのり）は、当用漢字の「当用」の名前を称讃し、「一般大衆のためにも字数を減らすようにしてもらいたい」と誇らしげだった。

当用漢字表には、次のような使用上の注意事項もあった。

「この1850字で書きあらわせない言葉は、別の言葉にかえるか、〈かな書き〉にする」
「代名詞・副詞・接続詞・感動詞・助動詞・助詞、外国の地名や人名、外来語、動植物の名前、あて字も〈かな書き〉にする」

これだけ見ても、漢字を減らして、できるだけ〈かな書き〉にしようとする意図が鮮明である。

1948年には、「当用漢字別表」として義務教育期間中に学習すべき881の漢字が指定されている。当用漢字は、学校教育を通して確実に浸透していったのである。

101 「犬」はあるけど「猫」はなくなった

当用漢字は、わずか1850字しかない。こんなに少なくて問題はないのか？

じつは、**当初からいろいろな問題が指摘されていた。**

「犬があって猫がない　馬があって鹿がない　君があって僕がない　好きがあって嫌いがない　頭があって頸がなく、皮膚はあっても肌がなく、目があっても瞳はない　鼻があっても頬がない　舌があっても唇がない……」

これは当用漢字を批判した「國語問題協議會」のメンバーによってつくられた歌である。**ふつうなら「犬」と「猫」で一対一で覚えるような漢字が、一方だけないという事態に陥っていたのである。**ちなみに國語問題協議會は、国語政策に対する批判が高まるなかで1959年に設立された団体で、現在も活動している。

また、1964年の佐藤栄作政権の閣議ではこんなことが話題になった。

「当用漢字には、佐藤栄作の〈藤〉の字がないではないか！」

また、県名にいたっては、山梨の「梨」、熊本の「熊」、奈良の「奈」、岡山の「岡」、大阪の「阪」、岐阜の「岐」と「阜」がなかったのである。

102 47都道府県が常用になったのは2010年

47都道府県名をすべて漢字で正確に書ける人はなかなかいないかもしれない。

そもそも都道府県の漢字には、一般にはあまり使わず、常用漢字表に存在しないものがある。ところが、**常用漢字は2010年に改訂され、「阪」「阜」「埼」「栃」「茨」などすべての県名の漢字が加わった。大分の「分」、愛媛の「愛」など、県名に使われる特殊な読みも追加されている。**これによって、すべての県名の読み書きが常用のものとして認められたのである。

またこの流れをうけて、小学校では47都道府県名のすべての漢字を「教育漢字（学習漢字）」として習う。これまで、小学生は常用漢字表から選んだ1006の漢字を学んでいたが、「熊」「潟」など都道府県名に使われる20の漢字が欠けていた。それが、**2020年度に導入する新学習指導要領では追加される**のだ。この措置は、社会科の学習のためでもある。小学4年の社会科では都道府県名を習うが、学習漢字では扱わない漢字にはふりがなをつけて対応していた。社会では使うけれど国語ではやらないというズレを解消しようとしている。

これからは47都道府県名をすべて漢字で書けることが当たり前になるかもしれない。

103 当用漢字で勝手に簡略化された漢字たち

当用漢字表は、一般に用いる漢字の数を制限しただけではなかった。じつは、勝手に**漢字の簡略化も行っていた。**当用漢字全体の約3分の1は簡略化された漢字で、このときにはじめてあらわれたものだ。

つまり、ここに**「旧字体」**と**「新字体」**の区別が生まれた。それまで使用されていたものは「旧字体」であり、1946年の当用漢字表であらわれたものは「新字体」である。

たとえば、こんなパターンがある。

画数が多い漢字は、大幅に削られて全く別の漢字になった。「應」→「応」、「藝」→「芸」、「蟲」→「虫」、「團」→「団」、「絲」→「糸」、「參」→「参」などである。このあたりはまだ納得がいくかもしれない。複雑な旧字体を覚えるよりは「新字体」のほうがいい。

ところが、「、」を1つとっただけのパターンもある。**「突」は犬の「、」をとって「突」となった。「突」というのは、「穴」から「犬」がいきなり飛び出す様子をあらわしていたが、その成り立ちを無視して「犬」が「大」になってしまったのだ。**

同じように「犬」が「大」になってしまった漢字には、「戾」→「戻」、「器」→「器」、「臭」→「臭」などがある。

新しい偏が登場したパターンもある。**神をあらわす示偏（しめすへん）は「ネ」となった。**これは最近では「ねへん」とも呼ばれる。「社」→「社」、「福」→「福」、「祈」→「祈」、「視」→「視」などがある。ところが、「祀」「祇」「祠」などは示偏は変わらずそのままだ。「ネ」の登場によって、意味のまったく違う衣編の「衤」と区別がつきにくくなるという問題も生じた。

以上のように、じつは漢字はさまざまに簡略化されている。私たちは、知らず知らずのうちに意外と多くの新字体を使わされているのだ。

「日本経済新聞」のロゴには、いまでも「日本經濟新聞」という旧字体が用いられている。

104 戦後生まれには「浩」「淳子」の名前がない？

生まれてくる子供の名前をつけるとき、どんな漢字でも自由に選んでよさそうなものだが、じつは**人名に使える漢字というのは制限されている。**使っていい漢字は決まっているのだ。

1946年、当用漢字（P150参照）が制定された。これによって、「新たに生まれてくる子供の名前は、当用漢字以外の漢字は使ってはいけない」ということになった。ところが、これが大問題となる。当用漢字には、名前でよく使うこんな漢字が入っていなかったからだ。

「浩」「弘」「彦」「尚」「亨」「淳」「智」「晋」「聡」「郁」……

この時代に生まれた子供たちには、「浩」「亨」「淳子」「智子」などの名前はつけられなかった。どうしてもつけたいときは、「とも子」などとひらがなにするしかなかった。

さすがにこれはまずい、ということで、**1951年、当用漢字以外で人名に使っていい漢字として「人名用漢字別表」92字が追加された。**さらに1976年にも「人名用漢字追加表」として28字を追加。その後、81年に54字、90年に118字、2004年には一気に698字が追加された。

結局、現在のところ人名に使える漢字はいくつあるのか？

当用漢字は常用漢字（Ｐ１５８参照）に置き換わったため、常用漢字２１３６字＋人名用漢字別表８６２字で、あわせて２９９８字（２０１５年1月7日現在）である。

ここまでくると、人名漢字をいまだに制限している意味がどこにあるのか疑問である。そもそも漢字廃止に向けて人名漢字にも制限をかけたはずだが、当初の目的がすでに失われているのだから、いまだに「人名用漢字」なるものが存在するのもおかしなことだ。

ちなみに、最高裁判所は「人名用漢字以外の漢字であっても、社会通念上明らかに『常用平易』なものであれば、これを用いることを認める」（２００３年12月）という判断をくだしている。

105 常用漢字はどうやってできたのか？

戦後の日本語は、一般社会では「漢字仮名交じり文」が当たり前となっていた。ただ、国語審議会を中心に漢字全廃論は依然としてくすぶっていて、国家としては漢字仮名交じり文は正式に認めていなかった。

そんななか、**吉田富三**（よしだとみぞう）という人物が国の国語政策を厳しく問いただした。吉田富三は、吉田肉腫と言われる癌細胞の発見などで世界的に知られる癌研究者である。

彼は、1964年の国語審議会のなかで、**「国語は、漢字仮名交りを以て、その表記の正則とする」という、いわゆる「吉田提案」を展開した。**

これはその場で採択はされなかったが、それまで曖昧にされてきた問題に切り込んだ意味は大きかった。「漢字は廃止にするのか、認めるのか、はっきりしろ」ということだ。

吉田提案をきっかけに文部省や国語審議会のなかの漢字廃止論は徐々に下火になる。そして、1981年の当用漢字廃止につながる。当用漢字にかわって**「常用漢字」**が制定されたのだ。このとき制定された常用漢字とは、当用漢字表に95字追加された1945字である。

「ただ95字増えただけで何が変わるのか？」と疑問に思うかもしれないが、**増えたこと**

に意味がある。漢字廃止に向けて漢字を減少させる方向だった戦後の国語政策から一転、増加に向かったということは、漢字を認めたことになる。**戦後、議論された漢字廃止は正式に見送られることになったのである。**

当用漢字は「使用する漢字の範囲を示したもの」だったが、常用漢字は「漢字使用の目安」と謳っている。常用漢字は決して、一般に使う漢字を制限したものではない。当用漢字は強制的だったが、常用漢字に強制力はない。

２０１０年には「新常用漢字」として、１９６字が追加され、５字が削除され、現在は２１３６字となっている。

106 山本有三による「ふりがな禁止令」!?

1946年11月16日、内閣告示として「当用漢字表」が発表された（P150参照）。その告示の「まえがき」の「使用上の注意事項」にはこんなことが書かれていた。

「ふりがなは、原則として使わない」

なんと、「ふりがな」を使用することに制限をかけていたのだ。政府はなぜこんなことを言い出したのか？　じつは、明治維新以降の日本語はふりがなであふれていた。ほとんどの新聞が、すべての漢字にふりがなをつけていた。いわゆる**「総ルビ」**である。この措置は、**あまり読み書きに精通していない女性や子供でも、ひらがなやカタカナさえわかれば新聞を読むことができるようにするためのもの**だった。文芸作品などでも、かなりの頻度で漢字にルビがつけられていた。

ところが、国民には親切なふりがなに反対した人物があらわれた。『路傍の石』などで知られる小説家の**山本有三**だ。

1937年、山本有三は『戦争と二人の婦人』の「あとがき」でこう述べている。

「いったい、立派な文明国でありながら、その国の文字を使って書いた文章が、そのまゝではその国民の大多数のものには読むことが出来ないで、いったん書いた文章の横に、もう一つ別の文字を列べて書かなければならないといふことは、国語として名誉のことでせうか」

山本有三は**「ルビという小さい虫」を使うことを、文明国として恥ずかしいと述べ、斬新な「ふりがな廃止論」を唱えた**のである。

これには多くの賛同者があらわれ、たとえば東京帝国大学の教授で国語学者の橋本進吉などは、「一般的に読めるような漢字にルビは不要」としている。ただ彼は、「ルビ廃止は漢字の使用制限につながりかねない」とも指摘している。

山本有三の「ふりがな廃止論」と前後して、新聞や雑誌からはルビが大幅に減っていった。そして冒頭の「ふりがな禁止令」につながる。山本有三は国語審議会の委員で、当用漢字の制定にも深く関わっていたので、この禁止令を後押ししていた可能性がある。

1981年の「常用漢字表」の発表のときには（P158参照）、ふりがなについてとくに言及されなかったが、戦後の「ふりがな禁止令」から「ふりがなは、原則として使わない」という基本方針は受け継がれている。

山本有三（© 江戸村のとくぞう）

107 あの文豪は「フランス語を公用語に」と言い出した

戦前から、外国語を公用語にしようという議論はあったが、漢字廃止論がふたたび勢いづいた戦後のどさくさにまぎれて、**「フランス語を公用語に」**と唱えた作家がいた。代表作『暗夜行路』で有名な**志賀直哉**だ。GHQ占領の流れから「英語を公用語に」と言うのならまだ理解できるが、なぜ「フランス語」だったのか。

1946年4月に発行された『改造』のなかで、志賀直哉は「国語問題」と題するテキストを掲載し、「日本の国語ほど、不完全で不便なものはない」と切り捨てた。そして、**「この際、日本は思い切って世界中で一番良い語、一番美しい言語を採って、そのまま国語に採用してはどうかと考えている。それにはフランス語が最もいいのではないかと思う」**と言い放った。

理想論としては面白いが、日本語で商売をしている大作家がこんなことを大真面目に言っていたというのも、なかなか信じ難い話である。

志賀直哉。本人はフランス語をまったく解さなかったと言う。

108 なぜ小学校の国語でローマ字を習ったのか？

小学4年生の国語の時間、突然、ローマ字の学習がはじまった……。読者のなかにも、そんな記憶のある方は少なくないだろう。現在は学習指導要領の改訂によって、ローマ字学習は4年生から3年生に前倒しして行われている。

ところで、なぜ国語でローマ字を学ばないといけないのか。

文科省のホームページの説明では、**「日常の中でローマ字表記が添えられた案内板やパンフレットを見たり、コンピュータを使う機会が増えたりするなど、ローマ字は児童の生活に身近なもの」**になってきていることを理由にあげている。

ただ、このローマ字学習は、いまにはじまったことではなく、戦後間もない1947年からすでにはじまっていたことだ。背景には、漢字廃止論の強まりとともに、戦前からのローマ字推進派やGHQの働きかけがあった。**いま、ローマ字が生活に身近になったというのも、むしろ戦後の学校教育の成果ではないか。**

ところで、2020年に小学3年生から英語活動が必修化される。そのときにローマ字学習は果たして意味があるのか。むしろ、ローマ字読みが英語の発音を身につける弊害にならないか心配である。

第五章　学校で教わらない日本語の疑問

109 「因縁」を「いんねん」と読むのはなぜ？

「因縁」は、「いんえん」と書いて「いんねん」と読む。「縁」は音読みで「えん」であるが、なぜこれを「ねん」と読むのか？

これは平安時代末期から起きた**「連声（れんじょう）」**という現象によるものだ。連声とは、**2つの語がくっついたときに生じる音の変化の一つ**である。

連声が起きるのは、次の3つのケースがある。

①m音（鼻音）のあとの「ア行・ヤ行・ワ行音」が「マ行音」に変わる。

たとえば、「三位」の「さん（m音）＋い」は「さん＋み」に、「陰陽師」の「おん（m音）＋ようじ」は「おん＋みょうじ」に変わる。

②n音（鼻音）のあとの「ア行・ヤ行・ワ行音」が「ナ行音」に変わる。

「因縁」はこの変化で、「いん（n音）＋えん」は「いん＋ねん」となる。同じく、「反応」の「はん（n音）＋おう」は「はん＋のう」となる。

そのほか、「観音（かんのん）」「銀杏（ぎんなん）」「天皇（てんのう）」などもこのパターンになる。鼻音のm音とn音の違いはわかりにくいが、「む」に近い「ん」がm音である。

③t音（入声音（にっしょうおん））のあとの「ア行・ヤ行・ワ行音」が「タ行音」に変わる。

ほとんど死語であるが、「便所」のことを意味する「雪隠」は、「せつ＋いん」は「せっ＋ちん」に変わる。

こうした連声が起きる言葉は、いまでもいくつか残っているが、じつは**鎌倉・室町時代にはもっと多くの連声の言葉があったとされている。**

たとえば、「今夜（こんや）」は「こんにゃ」、「肝要（かんよう）」は「かんにょう」、「本意（ほんい）」は「ほんに」、「繁栄（はんえい）」は「はんにぇい」と言っていたのだ。漢字の読みだけでなく、助詞までも連声が起きて、「こんにちは」は「こんにった」、「人間は」は「にんげんな」、「念仏を」は「ねんぶっと」と言ったという。

とても奇妙な日本語だが、もしも連声の言葉の雰囲気を味わいたいときには、狂言の舞台を観にいくのがいいかもしれない。狂言の台本には、連声が盛んだった室町時代後期の京都の話し言葉で書かれているところがあるからだ。

京都の壬生狂言の様子。（©Chris Gladis）

110 「地面」は「じめん」「ぢめん」のどっち?

「地面」は**「ぢめん」なのか「じめん」なのか、**迷うところである。

1986年7月1日に内閣告示された「現代仮名遣い」には、「じ/ぢ」「ず/づ」の使い分けが示されている。

歴史的にたどると、もともとは、「じ」と「ぢ」、「ず」と「づ」はそれぞれの発音があって、仮名も使い分けられていた。しかし、**中世のころに発音が近づいて、ついにサ行の「じ」「ず」に吸収され、タ行の「ぢ」「づ」は消えてしまった。**

ところが、五十音図にはサ行とタ行がある。サ行の濁音として「じ」「ず」があれば、タ行の濁音として「ぢ」「づ」があらわれる。だから、使わないわけにはいかない。

そこで「現代仮名遣い」では、基本は「じ」「ず」を使うが、次の2つのケースでは「ぢ」「づ」を使うと示している。

1つ目は、「ちぢ」「つづ」のように同音がつづいたときは「ぢ」「づ」を使う。

たとえば、「ちぢむ」「つづく」などがある。

ただ例外が示されていて、「いちじく」「いちじるしい」は、「じ」を使う。これは歴史的仮名遣いを踏襲したものと考えられる。

2つ目は、もともと「ち／ぢ」「つ／づ」を使う言葉が連結してできた言葉は、オリジナルの言葉を生かして「ぢ」「づ」を使う。

たとえば、「はな（鼻）」と「ち（血）」からできた「はなぢ」は、「はな・ち」→「はな・ぢ」という理解になる。

こちらも例外があって、以下のものは二語に分解できないとして、「じ」「ず」を使う。「せかいじゅう（世界中）」「いなずま（稲妻）」「かたず（固唾）」「きずな（絆）」などだ。

また、以上の2つのケースに関係なく、以下のものは、「じ」「ず」を使うとされている。「じめん（地面）」「ぬのじ（布地）」「ずが（図画）」「りゃくず（略図）」などである。

結局、例外が多いので、いちいちルールにあてはめて考えるより、一つひとつ覚えていったほうがよさそうである。

111 「雰囲気」は「ふんいき」or「ふいんき」？

「雰囲気」は、正しくは何と読む？

おそらく間違える人は少ないだろう。正解は、「ふんいき」である。

では**普段の会話ではどうかというと、「ふいんき」と言っている人も多いのではないだろうか。**どうにも発音がむずかしく、間違いだとわかっていても「ふいんき」と言ってしまう。その間違いをわざわざ咎める人もいないはずだ。ただそのままパソコンで「ふいんき」と入力しても「雰囲気」に変換しないし、国語辞書で「ふいんき」を引いても「雰囲気」は出てこない。

なぜ「ふいんき」と言ってしまうのか？　これは音声学的に理由があるようだ。「ふんいき」は「んい」の部分で、撥音（はつおん）（「ん」と表記される音）と母音「い」が連続する。**「ん＋母音」の組み合わせは、発音が難しい。**「ん」を丁寧に発音しないと、鼻から十分に息がぬけないまま「い」と混じり合ってしまう。その結果、「ふーいき」になる。しかしこれでは「ん」の鼻から抜かすような音が消えてしまうので、「ふーんき」になり、なんとなくオリジナルに近い「ふいんき」となる。

同じような言葉に、「全員」↓「ぜーいん」、「原因」↓「げーいん」、「店員」↓「てーいん」などがある。

ところで、**「山茶花」は、もともとは「さんざか」だったのが、「さざんか」になった。**「ん」と「ざ」が入れ替わって定着したのである。形容詞の「新しい」は、もともとは「あらたし」と言っていたものが、平安時代になって「ら」と「た」が入れ替わり、「あたらし」と言うようになった。「秋葉原」は、「秋葉（あきば）山のあった原」ということで、「あきばはら」と呼んでいたものが、「ば」と「は」が入れ替わり、いまのように「あきはばら」になった。だから、最近の省略形「アキバ」は、むしろ元来の呼び方に戻ったともいえる。

こうしたことを**音位転換（メタテシス）**と言って、頻繁に起きているのである。だから、もしかしたら「ふんいき」もいつか「ふいんき」で定着することだってあるかもしれないのだ。

112 「三階」は「さんかい」or「さんがい」？

「銀」は「ぎん」、「紙」は「かみ」だが、これがくっついて「銀紙」になると、**「ぎんがみ」と音が変わる。** 清音の「か」が濁音の「が」に変わる。

このように2つの言葉がくっついて音が変わる例はいくつもある。本（ほん）と箱（はこ）から「本箱（ほんばこ）」、心（しん）と配（はい）から「心配（しんぱい）」、窓（まど）と際（きわ）から「窓際（まどぎわ）」、桜（さくら）と川（かわ）から「桜川（さくらがわ）」といった具合だ。最近の言葉でも、茶（ちゃ）と髪（はつ）から「ちゃぱつ」、変（へん）と顔（かお）から「変顔（へんがお）」になる。

ルールとしてまとめると、**2つの言葉がくっついて1つの言葉になるとき、2つ目の言葉の最初の清音が濁音（「゛」をつける音）や半濁音（「゜」がつく音）になる**ということだ。このルールは**「連濁（れんだく）」**と言う。1つ目の言葉が「ん」で終わるとき、この現象は起きやすい。

いつも連濁になるわけではない。連濁しないケースとしては、2つの言葉が対等に並べられているときがある。「草木」「年月」「山川」は「くさき」「としつき」「やまかわ」と連濁は起きない。また、2つ目の言葉の2音節目以降に濁音がある場合も、連濁は起きない。「長旅」「春風」は「ながたび」「はるかぜ」のままである。

ところで、面白いのは、**かつては連濁していたが、いまでは清音化している言葉がある**ことだ。たとえば、「伝説」「安心」「洗濯」というのは、室町時代のころには、「でんぜつ」「あんじん」「せんだく」と言っていた。

では、この連濁の音は完全になくなったかと言うと、じつはいまでも地方の方言に残されているケースがある。つまり、**中央の言葉ほど連濁の音が消えて、清音化が進んでいるという傾向があるのかもしれない。**

そういえば東京では、「三階」を「さんがい」と言うよりは、「さんかい」と言う。そのほうがスマートな印象になっていないか。

113 なぜ日本では「ボク」が二人称に使われるのか？

小さな男の子に、「ボク、いくつ？」とたずねる。これは日本語ではふつうの使い方だ。しかし、この使い方は英語など欧米の言語ではありえない。

「ボク」というのは一人称の代名詞である。英語の「I」だ。**この一人称の代名詞を二人称として転用している**のが、「ボク、いくつ？」という文なのである。「ボク」と子供の立場に近づくことで親近感を生み出す日本語独特の言い回しである。

同じような使い方に、「テメエ、ゆるせねぇ」などがある。「テメエ」というのは、「テマエ」という一人称代名詞から変化したもの。この場合は一人称「テメエ」を二人称に転用することで侮辱的な表現としている。「オノレ、よくもだましたな」と言うときの「オノレ（己）」も一人称から二人称に転用する例である。相手をののしるときに「オノレ」を使う。

一人称の二人称への転用は、いまにはじまったことではなく、古くからあったと考えられている。 たとえば、『万葉集』などに見られる「ナ（我）」という一人称代名詞は、二人称に転用されて、相手への尊敬をあらわしたり、見下したりという表現に用いられていた。

114 なぜ「インク」を「インキ」と言っていたのか？

かつて「インク」のことは「インキ」と言っていた。いまも残る「○○インキ」という社名は当時の発音の名残りだ。しかし、なぜ「インキ」と言っていたのか。

世界の言語は、音節の特徴から大きく2つにわけられる。「開音節構造」の言語と「閉音節構造」の言語だ。

音節のさいごが必ず母音で終わるのが「開音節構造」である。日本語の「ねこ」は、「ね・え・こ・お」となり、「え」や「お」の母音が必ずあらわれる。

これに対し、**音節のさいごが子音で終わることもあるのが「閉音節構造」**である。英語の「cat」は「キャットゥ」で、さいごが「トゥ」と母音を入れないで終わる。「キャット」と、さいごに「と・お」と母音を入れるのは、「開音節構造」の日本語の発音を勝手に適用しているからだ。

ということで、閉音節構造の外国語の単語を日本語に取り入れるとき、さいごに母音を補って開音節にすることがあった。「ink」の発音は**本来は子音で終わるのが、さいごに「イ」の母音をたして、「インキ」としたの**である。いまでは、もう少し本来の音に近い「ウ」の母音をたして、「インク」と言っている。

115 「蛇」「蛙」はなぜ虫偏なのか？

蛇や蛙は、なぜ虫ではないのに虫偏がつくのか？

これはもっともな質問だが、古くからの言葉の移り変わりというのは、**とくに生物の科学的な分類の最新情報を反映しながら進んでいるわけではない**ので、こんな不一致は起きても仕方ないとしか言いようがない。

虫偏というのは、虫にかぎらず、**小動物や小さめの生物につけるもの**とされている。だから、蜥蜴や蝦・蛯、蛭のほか、蜆、蠣、蚫などの貝類もある。

面白いところでは、**虹**がある。なぜ、虹に虫偏かというと、古代中国の言い伝えで、虹は蛇の仕業と考えられていたからだ。大蛇（龍）が雷鳴をとどろかせて天に昇るとき、雲の間から差し込んだ太陽の光に反射し、大蛇のウロコが光ってできたもの、これが虹であると考えられていたのである。ちなみに、オスの蛇によるものは「虹」で、メスの蛇によるものは「霓」と区別されている。

同じように偏の意味とのズレを感じさせるものに、魚ではないのに魚偏がつく鰐、鯨、鮑、鯏などの例もある。昔の人は、哺乳類か爬虫類か魚類かなどの区別はせず、水中に住む生き物を魚として把握していたことがわかる。

116 「手をこまねく」とはどんな状態？

「手をこまねく」とはどんな状態だろうか？　「まねく」なので、人を呼ぶことをイメージしてしまうが、**正しくは腕組みをしている状態のこと**である。意味としては、「手出しせず傍観している」「何もできないでいる」ということになる。

「こまねく」は、もともとは「こまぬく」と言った。しかし、**「まぬく」があまり使われないことから、「まねく」に音が変化したと見られる。**漢字では「拱く」である。「拱」は、手偏に「共」だから、両手がいっしょになっている状態で、「腕組みをする」ことを意味する。中国では、両手の指を胸の前で組む敬礼の動作のことを指した。腕組みをしているということは具体的な行動を起こしていないので、「手出しせず傍観している」という意味になったのである。

「こまねく」だけで腕の動作が入っているので本来は「手」は必要ないが、「手をこまねく」という用法が一般的になっている。

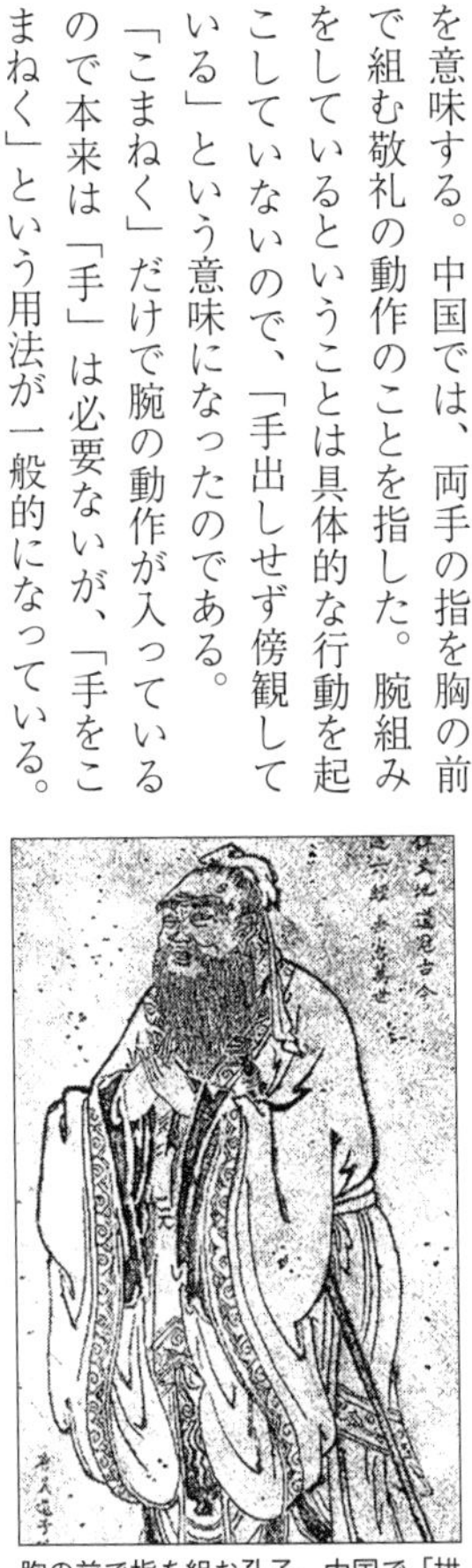

胸の前で指を組む孔子。中国で「拱手」と呼ばれる敬礼の仕草である。

117 「漏洩」を「ろうえい」と読むのは誤り？

誤った漢字の読みが一般化してしまうことがある。

たとえば、秘密がもれたりすることを「漏洩」と言う。**一般には「ろうえい」と読んでいるが、本来は「ろうせつ」と読む。**

「洩」の字は音読みで「せつ」。「排泄」の「泄」の字と同じく「せつ」と読んで「もれる」ことを意味する。「洩」は「えい」とは読まない。ところが、「洩」の字が「曳（えい）」を連想させたのか、「曳」に「氵」をつけても「えい」と読むと誤解され、「ろうえい」の読みが広まってしまったようである。このように**正式ではないがよく用いられる読み方を「慣用読み」と言う。**

ほかの慣用読みには、「捏造」「輸入」「堪能」「惨敗」などがある。これらは「ねつぞう」「ゆにゅう」「たんのう」「ざんぱい」と読むが、本来の読みは「でつぞう」「しゅにゅう」「かんのう」「さんぱい」なのである。

「独壇場」は「どくだんじょう」ではなく、本来は「どくせんじょう（独擅場）」だった。読みの変化にあわせて「擅（せん）→壇（だん）」と漢字まで変わってしまったのだ。

118 「人間」はどうして「にんげん」と読む？

「人間」と書いて「にんげん」と読む。当たり前のことだが、よくよく見てみると、**「間」をなぜ「ゲン」と読むのか？** これは珍しい読み方である。「間」を「ゲン」と読むのは、「無間地獄」の「むげん」や、「中間」の「ちゅうげん」などの例しかない。

もともと「人間」は、**「じんかん」**と読んで、**「世の中」「世間」「世界」**のことを意味していた。これは仏教語で、サンスクリット語の**「manusya（マヌシャ）」**からきている。中国で「人間」という漢字があてられ、それが日本に伝わった。

江戸時代になると、「人間」は「人」を意味するようになり、「にんげん」という読みがあてられるようになった。

ちなみに、「にんげん」という読みは呉音（ごおん）と言って、古くに入ってきた中国南方系の音である（これを和音とも呼ぶ）。「じんかん」の読みは漢音と言って、呉音よりあとに入ってきた中国北方系の音である。

119 なぜ「一昨日」を「おとつい」と言う？

「一昨日」のことは、「おととい」と言う人もいれば、「おとつい」と言う人もいる。

方言分布を見ると（『日本言語地図』第276図）、東日本と九州は「おととい」で、近畿や四国、中国地方は「おとつい」に分かれている。歴史的に見てみると、**近畿中央部では、奈良時代に「おとつい」と言っていたのが、平安時代に「おととい」となり、江戸時代に「おとつい」に戻った。**

ところで、「おととい」には「兄弟」という意味もある。古い言葉で、「おと（弟）」と「え（兄）」から、「おととえ」は兄弟を意味した。「おととえ」が「おととい」に変化したと考えられる。

面白いのは、兄弟の「おととい」が使われているのは、一昨日を「おとつい」と言う近畿の一部や四国、中国地方であること。**「おととい」が2つの意味を持つことを避けるため、「一昨日＝おとつい」に回帰した**と考えられる。

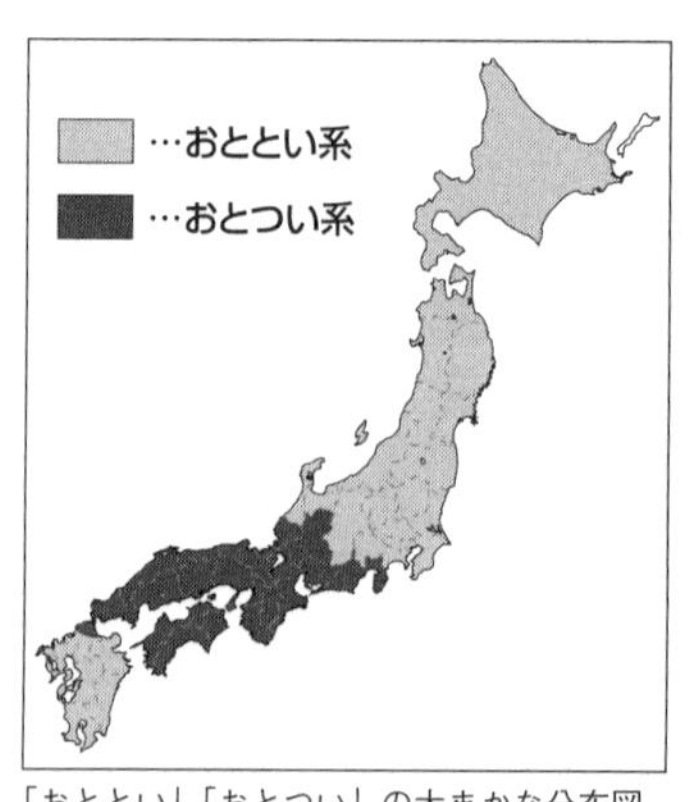

「おととい」「おとつい」の大まかな分布図。

120 日本語の辞書で「ラ行」が少ないのはなぜ？

奈良時代以前の上代語を調べると、日本固有の和語の特徴がわかる。その一つが、**ラ行の音ではじまる言葉がほとんどない**という事実だ。『万葉集』には、「力士儛（りきしまひ）」というラ行の音ではじまる単語があるが、**これは和語ではなく、中国からきた漢語**である。ほかにほとんど見つからないことから、もともとの日本語にはラ行の音ではじまる言葉がなかったと考えられる。

よくよく現代の国語辞書をめくってみると、ラ行のページが少ない。これは、ラ行の音ではじまる言葉がもともとの日本語になかったからだ。**ラ行の音ではじまる単語は、ほとんどが漢語や外来語なのである。**

同じく、和語には濁音ではじまる言葉もほとんどない。あったとしても、もとをたどると濁音以外の音ではじまる言葉で、形を変えたものだったりする。「ばら（薔薇）」は「いばら」から変化した言葉だ。同じく、「どこ」は「いづこ」から、「だれ（誰）」は「たれ」から変化した言葉なのである。

121 なぜ助詞の「は・へ」は「ワ・エ」と読むのか？

「僕は遊園地へ行く」

なんてことのない文章だが、このとき**なぜ助詞の「は」を「ハ」ではなく「ワ」と読むのか？　なぜ「へ」を「へ」ではなく「エ」と読むのか？**　読み書きを覚えはじめたばかりの小学生なら、「僕わ遊園地え行く」と書き間違えてしまうことがある。

もともと「読み」と「書き」は一致していた。奈良時代（上代）の仮名遣い（万葉仮名、P110参照）では、1つの音に対して1つの字があてられていた。

「かは（川）」は「カパ（カファ）」、「いへ（家）」は「イペ（イフェ）」と言っていた。**当時の発音では、「は」は「パ（ファ）」、「へ」は「ぺ（フェ）」だった**ので奇妙な感じだが、「読み」と「書き」は一致していた。助詞の「は」「へ」も同じように「パ（ファ）」「ぺ（フェ）」と発音していた。つまり、助詞の「は」「へ」は、そのほかの言葉の「は」「へ」と同じように発音していたのである。

ところが、**平安時代中期から「読み」と「書き」の不一致が起きてくる。**

言葉の語中や語尾にある「は」「へ」は、「ワ」「エ」と発音するようになった。「かは（川）」は「カワ」、「いへ（家）」は「イエ」と言うようになった。同じく助詞の「は」「へ」

は「ワ」「エ」と言うようになった。

これは、「語中や語尾（語頭以外）にあるハ行音がワ行音に変わる」という現象で、**「ハ行転呼音現象」**と呼ばれる。『土佐日記』に出てくる「わらは（童）」は「ワラハ」と発音していたが、「ワラワ」と発音するようになったのだ。

時代が飛び、**戦後に制定された「現代かなづかい」（P150参照）では、発音に忠実に仮名の表記をするようになった。**「カワ」を「かわ（川）」と書き、「イエ」を「いえ（家）」と書くようになった。ところが、現代かなづかいのなかでも、昔のままの仮名遣い（歴史的仮名遣い、P118参照）を残したものがある。それが助詞の「は」と「へ」だった。だから、「僕は遊園地へ行く」の助詞「は」「へ」はそれぞれ「ワ」「エ」と読むのだ。同じくワ行の助詞「を」は「オ」と読む。

まとめると、いまの仮名遣いのなかでも、「は」「へ」「を」だけが歴史的仮名遣いを残しているということである。

122 「主語」を入れると不自然になる日本語の秘密

日本語には驚くほどたくさんの人称代名詞があるが（P24参照）、それにもかかわらず、一人称や二人称の主語を省略して書いたり、話したりすることが多い。

「私は打ち合わせに行ってきます」

とは言わないで、

「打ち合わせに行ってきます」

と言う。「私は」を省略してしまう。と言うより、**「私は」が入るほうが不自然だ。**

なぜ主語があると不自然になるかと言うと、**日本語はわかりきったことを口にしたり書いたりすることが相手に対して失礼になるとされているから**だ。また、必要もないのに「私」や「あなた」を強調しないで、「だれが」をできるだけオブラートに包んだほうが丁寧に聞こえるからだろう。

英語やフランス語などは、命令形でもなければ、基本的に主語なしで文章は成り立たない。「だれが」をつねに明確にする。

ただ、韓国語や中国語のほか、イタリア語やスペイン語、ロシア語なども主語なし文は比較的ふつうであって、**日本語だけが特殊というわけでもない。**

123 なぜ日本語は動詞の活用がシンプルなのか？

日本語の動詞の活用の基本形は、「たべます・たべる・たべない・たべた・たべなかった」のようになる。**語幹の「たべ」をキープし、語尾を「ます・る・ない・た・なかった」と変化させる。これだけでいい**。たったこれだけで、「たべない」という否定形も、「たべた」という過去形も、「たべなかった」という否定の過去形も表現できてしまう。

英語だったら、「eat（食べる）」の否定形は「don't eat」、過去形は「ate」、否定の過去形なら「didn't eat」と、助動詞が入ったりして「語幹＋語尾」だけではあらわせない。しかも動詞の過去形は例外だらけで、「bring（持ってくる）」は「brought」、「make（つくる）」は「made」、「reach（到達する）」は「reached」など、いちいち覚えなくてはならない。

日本語は、一人称・二人称・三人称が変わっても「私はたべる・あなたはたべる・彼はたべる」で、「たべる」は変わらない。複数人称でも同じだ。一方、英語では3人称のとき、「eat（イートゥ）」→「eats（イーツ）」と「s」がつく。フランス語やロシア語などでは、人称によってもっと複雑に動詞の語尾が変わる。

こうしたことから、日本語は動詞の活用が非常にシンプルな言語と言えるだろう。

124 なぜ日本語には形容語が少ないのか？

「大きい」「美しい」など、終止形「い」で終わるのが**形容詞**だ。形容詞と似たものに**形容動詞**があって、こちらは「静かだ」「幸せだ」など終止形「だ」で終わる。形容詞も形容動詞も性質や状態をあらわす言葉で、あわせて「形容語」という言い方もされる。

形容詞と形容動詞では、形容詞のほうが古いイメージがあるが、じつは形容動詞のほうが古いことが多い。たとえば、**形容動詞「あたたかだ（あたたかなり）」は平安時代からあるが、形容詞「あたたかい（あたたかし）」は江戸時代になってから使われるようになった言葉である。**

同じような例は、「四角だ→四角い」「黄色だ→黄色い」などがある。なぜ形容動詞が先だったかというと、「四角」などの漢語を日本語に取り入れたとき、まず形容動詞をつくるほうが簡単だったからだという説がある。

ところで、民俗学者の柳田国男などは、**日本語は外国語に比べて形容語が量的に少ない**と指摘している。それというのも、日本人は長いあいだ同じ環境で暮らし、他人の感じることを同じように自分も感じることができたからだという。

125 日本語だけ？「語幹」がない動詞がある

動詞には基本的に**「語幹」**と**「語尾」**がある。動詞の活用で、**変化しないのが「語幹」**、**変化するのが「語尾」**だ。どんな言語でも、動詞は〈語幹＋語尾〉でできている。日本語の「見る」であれば、「見＋ない」「見＋ます」などである。

ところが、日本語のなかには「語幹」のない動詞が存在する。**「する」**と**「くる」**だ。「する」は、「します・する・しない・した・しなかった」と活用して語幹が見あたらない。「くる」の場合も、「きます・くる・こない・きた・こなかった」と活用して、全体が複雑な変化をする。

学校の教科書を見ると、「する」と「くる」の活用表の語幹の欄は空白になっていて、**「語幹と語尾は区別できない」**などと但し書きされていることがある。やはり、「する」と「くる」は語幹がないということなのか？

いや、**じっさいには語幹は存在する。**それぞれの音をローマ字で表記すると、「する」は**「s-uru」で「s」が語幹である。**「s-imasu・s-uru・s-inai・s-ita・s-inakatta」と活用して「s」は消えない。同様に「くる」は「k-uru」で「k」が語幹である。

ひらがなで書いてしまうと語幹が消えてしまうが、音で見れば語幹は存在するのだ。

126 「一人」と「一名」、「一匹」と「一頭」の違い

人の数え方には、「人（り・にん）」や「名（めい）」があるが、何が違うのか？　お店の接客では、ふつう「お客様一名ご来店」と言って、けして「お客様一人ご来店」とは言わない。これは、**「人」より「名」のほうが丁寧な表現になる**からだ。

同じ「犬」の数え方でも、「匹」と「頭」の使い分けがある。「一匹の犬がいる」と言うとチワワなどの小さな犬になるが、「一頭の犬がいる」と言うとセントバーナードなどの大型犬になる。**人間よりも大きな動物を数えるときは「頭」を使う**のだ。ちなみに、人間より大きな猫はいないので、猫はつねに「匹」を使う。

鳥類は大小にかかわらずすべて「一羽（いちわ）、二羽（にわ）……」と数える。ウサギを「羽」で数えるのは謎とされているが、「獣の肉を食べることが許されなかった時代に、ウサギを鳥に見立てて食べていたから」などという説がある。

魚やエビは「一尾（いちび）、二尾（にび）……」と数える。尾びれのついた生き物なので「尾」を使うのだ。ただこれは鮮魚店や水族館などで魚を専門に扱う人たちの数え方で、一般には「一匹、二匹……」と数える。

ここにあげた「人」「名」「匹」「頭」「羽」などのことを**「助数詞」**と言う。日本語で

は数量を「数詞＋助数詞」であらわす。区別したいのは、「メートル」「リットル」などの「単位」だ。「単位」（P132参照）は、話し手や数えるものによって変わることがなく、全国的にも国際的にも統一されている。これに対し**助数詞は、話し手や数えるものによって表現が変わる**のだ。

日本語の助数詞には、古典的なものも含めると、なんと500以上あると言われている。なぜこれほど多くの助数詞があるのか？

もともとの古い日本語（和語）には助数詞が少なく、**なんでも「つ」をつけて幅広く用いられていた**ようだ。そこへ漢語の助数詞がたくさん入ってきて、それらに慣れ親しむなかで、和語系の助数詞がたくさん生まれたと見られる。とくに8世紀ころまでには、名詞由来の助数詞がたくさんつくられた。神を数える「柱（はしら）」「前（ぜん）」、人を数える「所（ところ）」、植物を数える「本（もと）」、日を数える「日（か）」などである。

また、欧米の言語と比較すると、**冠詞がなく、名詞の複数形とジェンダー（男性・女性・中性）がないことも助数詞が増える要因になったと言われる。**日本語には名詞そのものに含まれる情報量が少ないので、それを補うために助数詞が発達したのだ。

127 なぜ日本語には侮蔑語の種類が少ないのか？

「侮蔑語」とは、話し相手や話にでてくる人物のことを見くだしたりバカにした言葉だ。
「てめえ、だまってろ」
「あいつ、無視しやがった」
などである。二人称の呼び方には、「てめえ」（「手前」がなまったもの）や「おめえ」などがある。三人称の呼び方には、「あいつ」「あんなやつ」「あいつら」「あのやろう」「あんちくしょう」などがある。動詞には「～やがる」「～くさる」などをつけて侮蔑的な表現とする。

こうした侮蔑語だが、**ほかの言語に比べると日本語にはそれほど多くの種類があるわけではない。** 日本語は、目上の人に対する尊敬語と自分が引き下がる謙譲語を中心とした言語なので、自分の強い憎しみを込めた侮蔑語があまり発達しなかったと言われている。

同様に、自分や自分の側の人物を高く扱う「尊大語」も少ない。

尊大語とは、自分のことを「おれさま」「わがはい」と呼んだり、動詞に「～おる」「～存ずる」などをつけるものだ。たしかに、いまではほとんど聞かれない。

128 過去のことは「〜た」と言うしかないのはなぜ？

かつての日本語には、いまとは比べものにならないほど多彩な助動詞があって、繊細に時間の感覚を表現していた。

たとえば、**現在**をあらわす**「あり」**、**過去から現在への時間の経過**をあらわす**「けり」**、**過去**の**「き」**、**過去推量**の**「けむ」**などがあったほか、「〜てゆく」の意味の「ぬ」、「ついさっき〜したばかり」という意味の「つ」があった。「つ」と「あり」が結合したのが「たり」だ。これらの複数の語尾を巧みに使い分けることがふつうだった。

それが室町時代以降、「き」と「ぬ」が消滅し、「つ」もほぼ消滅。それと入れ替わるように一般化したのが**「た」**だった。「た」は、「たり」→「たる」→「たっ」と変化したもので、早くは12世紀ころから使われていた。

明治時代になると、口語の「た」が言文一致の流れで文語にも用いられるようになり、すっかり定着。「学校へ行った」「寝ていた」など、過去のことを言うときは「〜た」を用いるしかなく、日本語の文章の末尾にはやたらと「た」が多様されるようになったのである。

第六章　知っていると役立つ正しい日本語

129 「河」と「江」と「川」、どう使い分ける？

「河」「江」「川」には中国の川に由来する使い分け方がある。**古代中国では、「河」と言ったら「黄河」のことを指した。**黄色く濁っているから「黄河」と言うのだが、「河」の字は黄河の流れを視覚的にあらわしている。「河」の「氵」は水に関係することを意味する。「可」の「可」は、かつての都・長安の北のほうを大きくカギの字に曲がる黄河の流れそのものをあらわしていた。それに河の音をあらわす「口」がついてできた。

一方、中国一の大河である「揚子江」は**「長江」**とも言うが、これは**「長い川」という意味。**「江」の「工」は、ものを貫き通すことをあらわす。これはつまり、大陸を貫く長江の流れをあらわしているのだ。もう一つの「川」は、「河」や「江」よりも小さい「川」をあらわしている。

ちなみに「江戸」は、「江」で関東平野を貫き通す荒川から隅田川の流れをあらわし、「戸」で海に開ける戸口（港）をあらわしている。

黄河上流。全長約5500㎞にわたる大河川である。（©André Holdrinet）

130 「こんにちわ」の誤りに気付かなくなった？

「こんにちわ」は誤りである。ぱっと見たら気づかない人もいるだろうが、正しくは**「こんにちは」**である。

同じ音なのだから、「こんにちわ」でもいいではないかと思ってしまうが、その語源を知れば、「こんにちわ」では日本語的に大きな誤りであることに納得がいく。

「こんにちは」の「こんにち」とは「今日」のことである。

「今日（こんにち）はご機嫌いかがですか」などというあいさつの言葉の下が省略されて、「こんにちは」となった。同じ音で「こんにちわ」と書くようになってしまったのは、語源意識が薄れた結果である。ただ、「わ」のほうが「和」を連想させてやわらかい印象があるのも確かだ。

同じく、「おはよう」は、「お早くからご苦労様でございます」などの下が省略されて、「お早く（おはやく）」→「おはよう」と変化した。

「こんばんは」は「今晩はよい晩ですね」などの下が省略されて「今晩は（こんばんは）」となった。こちらも「こんばんわ」の誤表記が多い。

131 「窓際」と「窓辺」では大違い！

「窓際族」とは、会社にいても仕事が与えられず、窓際の座席で1日を過ごす人たちのことである。

高度経済成長後の不況の時代、事業の合理化によって社内で余剰人員となった中高年などが「窓際」に追いやられた。そんな人たちのことを、1978年1月9日の「日経新聞」が「窓際族」と命名したことにはじまる。

ところで、**同じ窓のそばでも、「窓際」ではなく「窓辺」と言うとイメージは一変する。**同じ例として、「水際」と「水辺」がある。「水際」というと危険なイメージだが、「水辺」というと危険性は感じられない。

「辺」はその辺り一帯を指し示す言葉で、のどかな風景が思い浮かぶ。**ところが、「際」と言うと境目がはっきりして、危険と隣り合わせの切迫感があらわれる。**

「瀬戸際」というと、運命のわかれめ。「際もの」というと、季節の間際だけに売られる品物。一時的な流行をあてこんだ商品のことで、ネガティブなイメージもある。「往生際」は、「往生」は死ぬことなので、死に際のこと。「往生際が悪い」という用法で、決断力がなく、あきらめが悪いことを言う。「際」を使った言葉はネガティブな表現ばかりだ。

132 知っておきたい「元旦」と「元日」の違い

「元旦と元日の違いは？」

こう聞かれて答えられる人は、どれくらいいるだろうか。ほとんどの人は、「元旦」と「元日」の違いを意識することもなく使用しているかもしれない。

「元日」は1月1日のことであり、「元旦」は1月1日の朝のことである。これは漢字の語源を知れば納得する。元旦の「旦」の字は、「あさひ」という訓読みがあるように、「あさ」「夜明け」を意味している。漢字の組み合わせを見てみると、下の棒線の上に日が置かれている。これは、地平線から朝日がのぼる様子をあらわしている。**「旦」という字は、初日の出そのもの**なのだ。

「元旦」は1月1日（元日）のことも意味しているので、「元日」との違いにそれほど敏感になる必要はない。ただ、「元旦の朝」と言うのはよくない。「元日の朝」と言ったほうがいいだろう。

滋賀県琵琶湖の初日の出。「旦」の字はこの光景をうまく表しているといえるだろう。

133 なぜ「ら抜きことば」は誤りなのか？

一時期、**「ら抜きことば」**が問題になった。「食べられる」→「食べれる」、「来られる」→「来れる」などのように、動詞の活用で、可能・受身・自発の意味の助詞「～られる」をつけるとき、**「ら」を抜いて、「れる」ですませてしまう。**これが「ら抜きことば」である。

「ら抜きことば」が起きるのは、ある一部のグループに限られている。**五段活用動詞**（活用語尾が「アイウエオ」の5つの段すべてにまたがって変化する動詞）は、「読まれる」「書かれる」「取れる」などと、助詞が「～れる」になるので、「ら抜き」になることはない。それ以外の動詞では、助詞「～られる」がついて、「食べられる」「来られる」などとなる。

では、なぜこれらの動詞で「ら抜き」が起きたのか？　**一つの説としては、五段活用動詞のなかの可能動詞による影響**だ。可能動詞とは「～できる」の意味をあらわす動詞で、たとえば、「読む」→「読める」、「書く」→「書ける」、「取る」→「取れる」などと変化させてつくられる。可能動詞は、語尾の「～エ段＋る」で可能の意味をあらわしている。**この語尾の音を真似してできたのが、「～れ（エ段のラ行）＋る」であり、「ら抜きことば」というわけだ。**「ら抜きことば」は、本来の文法にはなかった形なので間違いとする解釈があるが、一方で「変化そのものは合理的」とする見方もある。

134 「ら抜きことば」から生まれた「れ足すことば」

前項で「ら抜きことば」を紹介したが、これは戦前からあった言葉だ。きっかけは、1923年に起こった関東大震災。東京の人口が減って、地方出身者が東京に流入して地方の言葉が入ってきた。それによって大正末期から東京で「ら抜きことば」が聞かれるようになったと言う。

現代の新しい傾向は、**「れ足すことば」**だ。

これは何かというと、可能動詞の進化系で、「読める」→「読めれる」、「書ける」→「書けれる」、「取れる」→「取れれる」となるものである。**つけなくてもいい「れ」をつけてしまう**のだ。可能動詞の「～エ段＋る」から「ら抜きことば」の「～れる」が生まれたが、こんどは「ら抜きことば」の「れる」が可能動詞に戻ってきて、「～エ段＋れる」を生んだのだ。

「～できる」という可能の意味を過剰なまでに表現した言葉となっている。

■「れ足すことば」の見分け方

「れ」を取り除いても「可能」の意味になれば「れ足すことば」

・「飛べれる」→「飛べる」
・「読めれる」→「読める」

・「走れる」　→「走る」

135 「行う」or「行なう」? 送り仮名のルール

「行う」なのか「行なう」なのか、送り仮名で迷うときがある。辞書では「行う・行なう」のどちらもアリになっているが、なにかしら送り仮名のルールはないのか?

じつは、内閣告示として「送り仮名の付け方」が示されている(最新版は1981年の改訂)。

それによると、**「語幹は漢字、活用語尾はひらがな」**が基本ルールになる。語幹とは変化しないところで、活用語尾は変化するところ。「おこなう」は「おこなう・おこなわない・おこなって・おこなえば・おこなえ」と、「おこな」が変化しないので語幹、それ以外が活用語尾になる。だから、語幹を漢字にして「行なう」が正しい。

ところが、「行う」とすると問題がある。**「行った」と書いたとき、「おこなった」なのか「いった」なのかわからない**のだ。

そこでこれを解決するために修正ルールをかけて、「行なう」という送り仮名も認めることにした。これによって、「行なった」と「行った」で区別することができる(ただし、「行う」の場合、問題が起きるのは「行った」のときだけなので、一般には基本ルールどおり、「行う」が用いられている)。

基本ルールだけでは問題が生じるので、修正ルールをかける例としては、**「止まる／止める」**（「止る」では区別がつかない）、**「変わる／変える」**（「変る」では区別がつかない）、**「終える／終わる」**（「終る」では区別がつかない）などがある。

また、「食べる」などは基本ルールのみでいいはずだが、語幹を漢字にして「食る」としてしまうと、「カレーを食（たべ）、ビールを飲んだ」などと書くと、「食」が「たべ」とも「しょく」とも読めてしまう。なので、「食べる」が採用されている。

そのほか、それぞれの言葉で不都合がないように送り仮名が考えられている。最終的には、内閣告示の「送り仮名の付け方」や常用漢字表、国語辞書を確認するほかない。

136 「拝啓」「敬具」「かしこ」…これらの意味とは？

ビジネスなどのきちんとした手紙では、書き出しは**「拝啓」**ではじまり、結びは**「敬具」**で終わる。このように手紙には書き出しの「頭語(とうご)」と結びの「結語(けつご)」が必要だが、その多くは**漢語由来の言葉**である。

頭語から見ると、「拝啓」は、「拝」が「おじぎする」で、「啓」が「申し上げる」なので、「つつしんで申し上げます」という意味の断り語である。もともとは「拝啓仕(はいけいつかまつり)候(そうろう)」などの形で用いられていて、**明治中期ころに手紙の頭語として定着した。**

拝啓と同じく「謹啓」という頭語もある。「つつしむ」の意味をもつ「謹」が入るので、拝啓より謹啓のほうがよりあらたまった場合に使う。

「前略」は「前文を省略する」という意味であり、目上の人に宛てた手紙などでは礼を欠くのであまり使わないほうがいい。当然、前略のあとに時候のあいさつなどの前文がつづくのはおかしい。「前略」に対しては「草々(そうそう)」などの結語を用いる。「草々」は、走り書きしたことをわびる気持ちをあらわしている。

結語の**「敬具」**とは、**「つつしんで整える」**という意味。「拝啓」とセットで用いられるようになったのは、意外と最近で大正時代ころとされる。

手紙でもより親しい間柄やお礼状などには、**大和言葉をもとにしたやわらかい頭語や結語**を用いるといいだろう。

たとえば、頭語には「一筆申し上げます」「謹んで申し上げます」などがある。前略に代わるものとしては「取り急ぎ申し上げます」「前文お許しください」などがある。

結語には、**「かしこ」**がある。「かしこ」は形容詞「かしこい」の古語「かしこし」の語幹から生じた言葉だ。「かしこし」は「畏し」でもあり、**「おそれつつしむ」**という意味である。ここから「おそれおおく存じます」という意味で「かしこ」が用いられるようになった。もともと男性でも使っていたが、近世以降は女性のみが用いるようになった。

137 日本語の敬語は、なぜこんなに複雑になった？

日本語の敬語は、尊敬語・謙譲語・丁寧語に加え、美化語などもあって、複雑な体系となっている。

この敬語は、ある日突然、だれかが決めたものではなく、時代や地域によってさまざまな要因がからみあってできたものである。

歴史的に見ると、古代には人間ではないものに敬語を使う**「自然物敬語」**があった。「お日さまがお昇りになった」「雷さまが落ちられた」などという表現だ。自然物敬語は、いまでも九州や東北などに残っている。

中世になると、この自然物敬語が天皇に対する言葉として応用されて、さらに貴族などにも広がった。**奈良や京都の貴族社会のなかで敬語が発達し、**とくに身内に対しても敬意を払うようになった。

そして近代以降は、江戸・東京を中心に謙譲語などが発達した。現代では、首都圏を中心に、「お」をつけて自分の言葉をきれいにする現代的な美化語（P212参照）などがあらわれている。

敬語の発達には、地域的な違いもある。日本全体で見ると、**敬語がより発達している**

のは、近畿を中心とする西日本であって、東北・北関東は敬語の発達度合いでは「辺境」にある。東日本は、敬語が未発達な段階にあると言う。敬語の発達具合は、「西高東低」といえるのだ。

なぜこうなったかというと、中世より敬語は近畿地方で発達したからだ。とくに京都では、天皇から庶民までの社会階層が上から下まで一ヶ所に集まっていて、**社会のなかに身分差・階級差があったことから複雑な敬語が発達した**のである。東日本でも江戸・東京は近代以降に急速に敬語が発達した地域である。

もっとミクロのレベルで見ると、たとえば、城下町では身分差・階級差が大きいので、敬語を使う場面が増えて、自然と敬語が発達する。ところが、周辺の農村部では敬語を使う機会が少ない。だから農村部ではあまり敬語が発達しないのだ。

江戸時代の町の様子。帯刀した武士や桶を作る商人、取っ組み合いをする町民などさまざまな人が往来を闊歩している。自分と違う身分の人と話す機会も少なくなかっただろう。（『日本風俗図絵第11輯』山東京伝・画）

138 もともと丁寧語なんてなかった！

もっとも簡単な敬語は丁寧語だろう。語尾に「です」「ます」をつければすむからだ。しかし、**もともと日本語に丁寧語というのはなかった。**敬語としては尊敬語と謙譲語があるだけだった。それが、1000年ほどの時間をかけて、謙譲語から徐々に分化してきて丁寧語ができたと考えられている。

謙譲語の**「参（まゐ）らする」**から**「ます」**ができて、江戸時代後半に広まった。少し遅れて、**「で候（さふら）ふ」**から**「です」**ができた。「です」の語源は諸説あり、**「にておはす」**から変化してきたという説などもある。その間には「でげす」「でやんす」なども使われていた。

徐々に話し言葉として「です」「ます」が広まっていき、ようやく書き言葉として用いられるようになったのは、わずか1世紀ほど前のことである。書き言葉でもやっと「です・ます体」と「だ・である体」の区別ができた。

いまでは「です」「ます」なしでは、話し言葉も書き言葉も成り立たないが、この丁寧語はまだまだできたばかりの新しい日本語なのである。

139 昭和になって変わった「です」の使い方

敬語にはもともと尊敬語と謙譲語しかなかった。**丁寧語の「です」や「ます」は江戸時代以降に発達したとされている。**「ます」は動詞につづけて「行きます」「帰ります」などと使う。〈動詞＋ます〉が基本形だ。一方の「です」はさまざまなパターンがある。

「です」は名詞につづけて「お茶です」などと使う。「です」の語源と言われる「にておはす」の「にて」が名詞をうける助詞であったことから（「お茶にておはす」と使っていた）、**〈名詞＋です〉が基本形**になった。また、形容動詞の「静かだ」を丁寧にして「静かです」と言うようになった。形容動詞は「～だ」→「～です」の変化が可能になったのだ。丁寧語の「です」は断定の「だ」の代わりなので、これは自然な変化である。

ところが、「です」は「うれしいです」「やさしいです」など、形容詞につづける場合もある。これは**昭和初期までは例外的な使い方だった。「うれしい」の丁寧語は「うれしゅうございます」などと言っていた。**しかしこれでは長ったらしいので、「うれしいです」となり、**〈形容詞＋です〉の使い方が定着した**のである。話し言葉では「うれしいです」「やさしいです」は当たり前になったことから、１９５２年の国語審議会で〈形容詞＋です〉の形が正式に認められた。

140 「ご確認してください」という敬語は間違い？

敬語を意識していると、なんでも「ご〜」をつけなければいけないと考えてしまいがちだが、**「ご〜」をつけることで生じる間違いがある。**

「ご確認してください」「ご注意してください」……、**これらの「ご〜」は必要ない。**「確認してください」「注意してください」が正しい。あるいは、「ご確認ください」「ご注意ください」とすればいい。

「ご確認してください」の何が問題かというと、**尊敬語と謙譲語がまざってしまっている点**だ。

「〜する」の尊敬語は「ご〜になる」、謙譲語は「ご〜する」となる。だから「確認する」の尊敬語は「ご確認になる」、謙譲語は「ご確認する」となる。

これに**「〜ください」という丁寧・尊敬表現**を加えてみよう。尊敬語「ご確認になる」+「〜ください」で、「ご確認になってください」となる。一般的には「ご確認ください」として使われている。

一方、**謙譲語「ご確認する」+「〜ください」からできたのが「ご確認してください」である。**これは謙譲語と尊敬語がまざった表現になっているので正しくない。謙譲語の

「ご」を省いて、丁寧・尊敬表現の「確認してください」とすればいい。

「ご注意してください」も謙譲語と丁寧・尊敬表現がまざっているので、謙譲語の「ご」をとって、「注意してください」とするか、尊敬語の「ご注意ください」とする。

ところで、やっかいなのが**「ご逝去（せいきょ）する」**という表現だ。これは謙譲語であって、文法的には間違いではない。ただ、死んだ人がだれか敬うべき人物のためにへりくだっていることになるので、おかしなことになるのだ。

名詞の美化表現として、名詞に「ご」をつける表現があるが、「ご逝去」という名詞は問題ない。「ご逝去に際し」などの表現はよく使われる。しかしこれに「～する」をつけて、「ご逝去する」とすると、誤りなのである。

141 部下は上司に「ご苦労さま」と言ってはいけない

部下が上司に「おつかれさま」と言うのは問題ないが、「ご苦労さま」と言うと失礼にあたる。「ご苦労さま」は、文法的には敬語の表現なのに、なぜダメなのか？

理由は、**相手に対する感情の踏み込み具合の問題**がある。日本では、相手の感情に踏み込むときには注意を要する。「ご苦労さま」というのは、相手が苦労したと感じたかどうかわからないのに、「苦労したでしょ」と断定したことになる。これを目上の人に言うのは失礼になる。一方、「おつかれさま」は、仕事をすれば誰でもつかれることは認められるレベルなので、目上の人に言っても失礼にならない。

また、**「ご苦労さま」は、立場が上の人から下の人に使う定型表現のようになってきたという見方もある。**かつて殿様から家臣に「ご苦労であった」「大義であった」と言っていたのが、現代の上司から部下への「ご苦労さま」につながっているのだ。２００６年度の文化庁の「国語に関する世論調査」によると、部下から上司へは「おつかれさま」が69％、「ご苦労さま」が15％で、「おつかれさま」が一般的になっていた。反対に上司から部下では「おつかれさま」が53％、「ご苦労さま」が36％で、こちらも同じく「おつかれさま」のほうが多い結果となっていた。

142 「いただく」の使い方は謙譲語だけとは限らない

謙譲語の「いただく」にはいくつかの用法がある。

「もらう」「受け取る」の意味では、「プレゼントをもらう」→「プレゼントをいただく」となる。この「いただく」は、「頭の頂点にのせる」ことを意味していて、相手から受け取るときに相手を高く扱う言葉となっている。**「食べる」「飲む」の意味**では、「先生のお宅でご馳走をいただきました」などとなる。

一方、「いただく」には謙譲語とはいえない用法もある。「昨日はウナギをいただきました」などという場合、自分でお金を払ってウナギを食べるので、敬意を表すべき相手がいない。だから謙譲語とは言えない。

また、**相手からなにかしてもらう動作を表して、**「〜ていただく」「お〜いただく」という形で使うこともある。「案内していただく」「お越しいただく」などである。

このように「いただく」の用法は広い。

「頂」の象形文字。この字は、人の頭頂部を表す「頁」を部首にもつ。

143 頭に「お」「ご」をつければ上品な日本語に

敬語のなかには、**他人や自分のモノに対して「お」や「ご」をつけて敬意を払う表現**がある。「お」や「ご」をつけるだけでいいので使い方は簡単だ。

「それはお喜びですね」「ご気分はいかがですか?」などは、相手のモノに「お」「ご」をつけているので尊敬語である。「お手紙をさしあげる」「ご挨拶にうかがいます」などは、自分のモノに「お」「ご」をつけているので謙譲語である。

一方、「お寒いことで」「ご本を読む」など、だれのモノともいえないものに「お」「ご」をつけて、言葉自体の上品さや美しさを高めることもある。**こうした「お」「ご」は美化語と呼ばれる。**「お料理」「お台所」「おひつ」「お座敷」「お風呂」などが美化語になる。

美化語のなかには、まったく形が変わる「便所」→「お手洗い」、「水」→「おひや」、「汁」→「おつゆ」などもある。

美化語は食事や住居にまつわるものに使うことが多く、とくに女性は美化語を使う傾向が強い。「お肌」「お顔」「お化粧」あたりは定着しつつあるが、「おビール」などと過剰に使いすぎるとおかしなことになる。

144 「さん」をつけるだけで丁寧な言葉になる

日本語の敬称のなかでも便利なのが**「さん」**である。相手が男性でも女性でも、目上の人でも下の人でも、日本人でも外国人でも、**名前に「さん」をつけるだけで敬意をあらわすことができる。**

外国語では、「さん」のような便利なものはない。たとえば英語の敬称は、「Mr.」「Mrs」「Miss」があり、男性と女性で使い分けるだけでなく、女性は既婚か未婚かで使い分ける。これが問題となって、未婚の女性の敬称「Miss」は死語になりつつある。同じくフランス語でも、未婚の女性の敬称「マドモアゼル（Mademoiselle）」が使われなくなっている。

日本語の敬称「さん」の面白いところは、人の名前以外にも使われることだ。「社長さん」「お隣さん」「学生さん」「板前さん」「お医者さん」「本屋さん」など、「さん」をつけるだけで**やさしく親密なニュアンスがでる。**子供と話すときは「ゾウさん」「蟻さん」と動物などにも「さん」をつける。ビジネスの会話でも、相手の社名はもちろん、企業名を一つひとつ「さん」づけするだけで上品な語り口となる。

145 「ご都合のほう」の「〜のほう」は必要なのか？

最近、やたらとよく聞くようになったのが、**「〜のほう」**という表現である。

「ご返信のほう、お願いします」
「ご都合のほう、教えてください」
「お荷物のほう、お預かりします」
「ポテトのほうはよろしいですか」

この「〜のほう」というのは、文法的にはどう解釈したらよいのか？

使い方としては間違いではないが、「〜のほう」はなくても文法的に成り立つ。「ご返信お願いします」で十分に丁寧である。

厳密に言うと、「〜のほう」というのは、対象が複数あるもののうち、「こちらのほう」「あちらのほう」と指す場合に使うのが正しい用法だ。はじめから一つしかないのに、「ご返信のほう」と言うのはおかしい。

ただ、**「〜のほう」というある種無駄な言葉をたすことでどこか曖昧な表現となり、その曖昧さが丁寧さにつながっているとも言える。**その意味では、新しい敬語表現なのかもしれない。

146 「とても」は肯定文では使えなかった！

副詞の「とても〜」は、「とてもいい」「とてもきれいだ」など、「非常に」「たいへん」という意味で使う。肯定文で使うのがふつうである。

ところが、**もともとの「とても」は、肯定文では使ってはいけないとされていた。**「とてもできない」「とても動けない」などのように必ず否定表現を伴って使うものだったのだ。

「とても」というのは、**「とてもかくても」の省略形**で、「どうやっても」「いずれにしても」というのが本来の意味である。

それが**明治末期ころの東京で、「とてもうまい」などと学生たちが使いはじめて、肯定文でも使われるようになった**のである。

これには芥川龍之介も納得がいかず、肯定を伴う「とても」は従来の用法にはないと批判した。ちなみに彼は、肯定を伴う「とても」は「三河の国あたりの方言」が伝わったものだろうと推察している。

当時は、国語辞書のうえでも、肯定を伴う「とても」は不適切とされていたが、戦後の辞書ではそんなことも書かれなくなった。

147 漱石は「全然」の使い方を間違えていた？

「全然」の正しい用法を正確に説明できる人はどれだけいるだろう。たとえば、「全然いい」「全然大丈夫」「全然おもしろい」という用法は正しいと言えるだろうか？

「全然」は、否定表現を伴うべき副詞で、「全然＋～ない」というのが正しい用法。「全然＋肯定表現」は誤用である。「全然いい」というのは文法的には誤りだ……。

こう考えている人は少なくないだろう。多くのビジネス系の参考書や国語辞書では、「全然＋肯定表現」は、「好ましくない」「誤用・俗用」とするものが多い。

ところが、文豪・夏目漱石の『坊っちゃん』にはこんなセリフがある。

「一体生徒が全然悪いです」

あの漱石が、「全然＋肯定表現」を用いているのだ。

漱石が誤っているのだろうか？　じつは、「全然＋肯定表現」は、同時代のほかの文豪たちの作品にも散見できる。

「全然」は、江戸時代に口語中国語で白話小説から広まった表現で、**もともとは肯定文でも否定文でも使われていた。**それが、「否定表現を伴うべき」と明確に言われるようになったのは、じつは戦後のことである。

それというのも、欧米から入ってきた英語やドイツ語の文法教育が影響したものと見られる。**英語では、「(not) at all」（全くない）というように、「全然」と訳される表現は、否定表現を伴うのが一般的だ。**これは英語でも絶対的なルールではないが、「全然＋否定表現」という外国語のルールが日本語の「全然」の使い方まで変えてしまったようなのである。

国語辞書のなかでは、１９５2年5月刊行の「辞海」（金田一京助編）ではじめて次のように記された。

「全く。まるで。残らず。すべて。（下に必ず打消を伴う）『―知らない』」

これ以降、「全然＋否定表現」のルールがあたかも自明のことのように国語辞書レベルで拡散していった。いまだに漱石の「全然悪いです」は、誤用とされてしまう状況にある。

148 外国語とは違う日本語の「高低アクセント」

「やま（山）」「はな（花）」「いけ（池）」を発音するとき、1文字目と2文字目のどちらにアクセントがあるか？

東京語では「やま」「はな」「いけ」と1文字目にアクセントがくるが、京都語では「やま」「はな」「いけ」と2文字目にアクセントがくる。このように、関東と関西のアクセントは正反対となることが多い。

日本語のアクセントは、英語やドイツ語のような「強弱アクセント」ではなく、**高さで際立たせる「高低アクセント」を特徴としている。**

同じ高低アクセントをもっている言語に、**中国語**がある。中国語は、高低アクセントと強弱アクセントの4つのアクセントがあって、「四声（しせい）」と呼ばれる。四声は厳格に決められていて、間違えると意味も通じない。そのため、四声を示す符合（声点（しょうてん））として、文字の左右上下に「●」をつけていた（P128参照）。

一方、日本語のアクセントは日常会話ではさほど重要な働きをしていない。アクセントは方言によっても違うし、時代によっても変化してきた。日本語は、アクセントに関する縛りがゆるい言語といえる。

そんななか、21世紀に入ってから急速に進行しているのが**アクセントの平板化**だ。「クラブ」「彼女」「モデル」「サーファー」「ライン（LINE）」など、高低なく平らに発音するのが今風とされている。

なぜアクセントの平板化が起きているかというと、**いちいちアクセントの高低を意識しなくていいので、簡単で楽だから**だという。「省エネ」発音というわけだ。もう一つ考えられるのは、**アクセントを平板化することで、その分野に精通しているサインになる**というもの。「サーファー」と平板化して発音すると、サーフィンに精通しているサインとなり、それが仲間意識を生み出すことになるのだ。

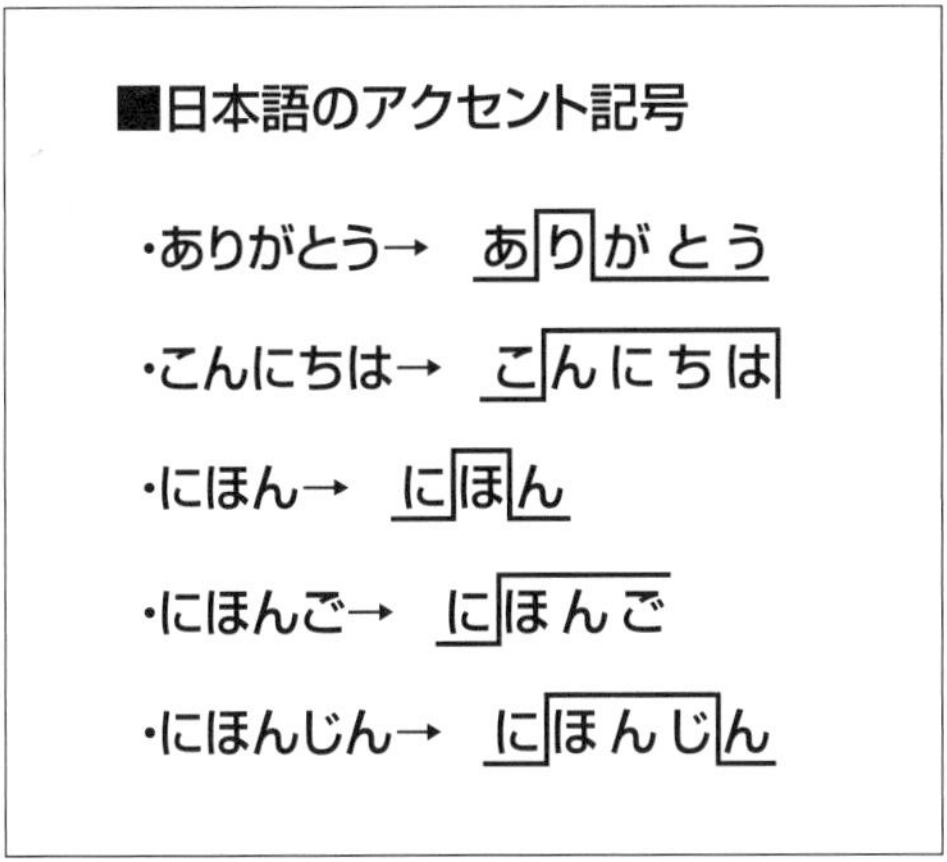

■日本語のアクセント記号

・ありがとう→ ありがとう
・こんにちは→ こんにちは
・にほん→ にほん
・にほんご→ にほんご
・にほんじん→ にほんじん

日本語のアクセントの特徴は「高低アクセント」である。このように、ほとんどの日本語は一つの単語の中で「高」「低」が組み合わさっているが、近頃はその特徴が見られない「平板アクセント」の言葉が増えている。

149

日本語の表現を豊かにする擬態語

日本語にはじつに多くの**擬態語（オノマトペ）**がある。

擬態語を大きく分類すると、音を真似たものと、そうでないものがある。「わんわん」「にゃーにゃー」「かたかた」「きーきー」「がやがや」などは、現実の音を真似たもので**擬音語**と言う。音を真似ていないものは、「にやにや」「のらりくらり」「うろうろ」「すうっと」など抽象的な様子をあらわした**擬態語**と、「びくびく」「ひやひや」など人の感覚や状態をあらわした**擬情語**がある。

擬音語は、現実の音を真似たものだから語源は明確だが、音を真似ていない擬態語の語源を探るのは難しい。ただ、「くねる」→「くねくね」、「のろい」→「のろのろ」、「ころがす」→「ころころ」、「はるかだ」→「はるばる」、「ほのかだ」→「ほのぼの」などは、動詞や形容動詞から発生したとわかる。擬情語も、「びく（びくっ）」→「びくびく」、「ひやりと（ひやっと）」→「ひやひや」などと発生したことは想像がつく。

日本語は、**擬態語を使うことでより豊かな表現が生まれる。**「メロスは、両腕を大きく振って、雨中、矢の如く走り出た」と言うより、「メロスは、ぶるんと両腕を大きく振って、雨中、矢の如く走り出た」（太宰治『走れメロス』）と言うほうが臨場感がでる。

150 日本語表記で迷ったら「記者ハンドブック」！

新聞で使われている日本語の表記というのは、各新聞社でバラバラではなく、基本的に統一されている。

表記統一のきっかけは、1953年、日本新聞協会に加盟する各社が集まり、**用語表記を統一する方向で話し合った**ことだった。当時は漢字制限派や漢字擁護派がいて議論は白熱したようだが、なんとか1956年に一冊の本にまとまった。それが共同通信社刊の『**記者ハンドブック—新聞用字用語集—**』である。

初版以来、何度も改訂を重ね、現在、第13版（2016年発行）が発行されている。

これは新聞記者だけでなく、放送関係者や出版・編集関係者、官公庁、一般企業の企画・広報担当者、Webのライターなど、日本語の文字を扱う人ならだれでも重宝するはずだ。基本の用字用語集のほか、「ぢ」「じ」や「づ」「ず」の使い分け、送り仮名の付け方、外来語の用例など、迷ったときの一つの指針になる。たとえば、「受け渡し」は仮名交じりになるが、「受渡価格」と熟語になると漢字のみになる。これが答えというわけではないが、公共性のある新聞で見慣れているせいか、文字を組んだときにどこかしっくりくるのだ。

●主要参考文献

『江戸の声』（鈴木丹士郎、教育出版）
『驚くべき日本語』（ロジャー・パルバース、早川敦子訳、集英社インターナショナル）
『面白いほどよくわかる漢字』（山口謡司、日本文芸社）
『数え方でみがく日本語』（飯田朝子、筑摩書房）
『数え方の日本史』（三保忠夫、吉川弘文館）
『かなづかいの歴史』（今野真二、中央公論新社）
『学校では教えてくれない日本語の秘密』（土屋秀宇、芸文社）
『漢字はすごい！』（山口謠司、講談社）
『「国語」の近代史』（安田敏朗、中央公論新社）
『国語は好きですか』（外山滋比古、大修館書店）
『ことばの由来』（堀井令以知、岩波書店）
『酒の席でつい披露したくなる日本語』（萩原津年武、インフォレスト）
『昭和が生んだ日本語』（遠藤織枝、大修館書店）
『知らなかった！　日本語の歴史』（浅川哲也、東京書籍）
『てんてん　日本語究極の謎に迫る』（山口謡司、角川学芸出版）

『日本一愉快な国語授業』(佐久協、祥伝社)
『日本語雑記帳』(田中章夫、岩波書店)
『日本語スケッチ帳』(田中章夫、岩波書店)
『日本語学入門―しくみと成り立ち』(山口堯二、昭和堂)
『日本語と時間』(藤井貞和、岩波書店)
『日本語の奇跡』(山口謠司、新潮社)
『日本語のしくみ』(山田敏弘、白水社)
『日本語の「常識」を問う』(鈴木貞美、平凡社)
『日本語の謎を解く』(橋本陽介、新潮社)
『日本語のリズム』(別宮貞徳、筑摩書房)
『日本人の数え方がわかる小事典』(飯倉晴武、PHP研究所)
『日本語は敬語があって主語がない』(金谷武洋、光文社)
『日本人も悩む日本語』(加藤重広、朝日新聞出版)
『日本語練習帳』(大野晋、岩波書店)
『はじめて学ぶ方言学』(井上史雄、木部暢子、ミネルヴァ書房)
『振仮名の歴史』(今野真二、集英社)
『大和ことばで書く短い手紙・はがき・一筆箋』(井上明美、日本文芸社)
『ん―日本語最後の謎に挑む』(山口謠司、新潮社)

著者略歴

沢辺有司（さわべ・ゆうじ）

フリーライター。横浜国立大学教育学部総合芸術学科卒業。

在学中、アート・映画への哲学・思想的なアプローチを学ぶ。編集プロダクション勤務を経て渡仏。パリで思索に耽る一方、アート、旅、歴史、語学を中心に書籍、雑誌の執筆・編集に携わる。現在、東京都在住。

パリのカルチエ散歩マガジン『piéton（ぴえとん）』主宰。

著書に『図解いちばんやさしい哲学の本』『図解いちばんやさしい三大宗教の本』『図解いちばんやさしい古事記の本』『図解いちばんやさしい仏教とお経の本』『図解いちばんやさしい地政学の本』『ワケありな映画』『ワケありな名画』『ワケありな本』『ワケありな日本の領土』『封印された問題作品』『音楽家 100 の言葉』『吉田松陰に学ぶ リーダーになる 100 のルール』『西郷隆盛に学ぶ 最強の組織を作る 100 のルール』（いずれも彩図社）、『はじめるフランス語』（学研教育出版）などがある。

日本人として知っておきたい

日本語 150 の秘密

2020 年 2 月 10 日　第一刷

著　者　沢辺有司

発行人　山田有司

発行所　株式会社　彩図社
東京都豊島区南大塚 3-24-4
MTビル　〒 170-0005
TEL：03-5985-8213　FAX：03-5985-8224

印刷所　新灯印刷株式会社

URL：https://www.saiz.co.jp
https://twitter.com/saiz_sha

 ISBN978-4-8013-0427-7 C0181

本書は、2016 年 8 月に小社より刊行された『日本人として知っておきたい 日本語 150 の秘密』を修正の上、文庫化したものです。